Helga Lederer

# Der Apfel

## Ein Geschenk der Natur vielseitig und gesund

Helga Lederer

# Der Apfel

## Ein Geschenk der Natur vielseitig und gesund

EDITION XXL

# Der Apfel Ein Geschenk der Natur

# Inhaltsverzeichnis



Abkürzungen:

| | | |
|---|---|---|
| TL | = | Teelöffel |
| EL | = | Esslöffel |
| ml | = | Milliliter |
| cl | = | Zentiliter |
| l | = | Liter |
| g | = | Gramm |
| gestr. | = | gestrichen |
| kg | = | Kilogramm |
| Msp. | = | Messerspitze |
| TK | = | Tiefkühlkost |
| ° C | = | Grad Celsius |

Die Gewichtsangaben für frisches Obst und Gemüse beziehen sich auf ungeputzte Rohware, bei Konserven oder aus dem Glas auf das Abtropfgewicht. Bei Eiern ist stets die Gewichtsklasse M gemeint. Die angegebenen Backtemperaturen gelten für den gebräuchlichen Haushaltselektroherd. Sofern nicht anders angegeben, gelten die Rezepte für 4 Personen.

# Das Apfelparadies

Der Apfel hat Weltgeschichte gemacht, beginnen wir bei Adam und Eva.
Die paradiesische Frucht hing am Baum der Erkenntnis und spielte die erste große Rolle als unwiderstehliche Verführerin. Wenn Eva Adam mit dem Apfel nicht verführt und Adam ihn nicht genommen hätte, wären wir vielleicht heute noch im Paradies? Adam konnte dieser köstlichen Frucht einfach nicht widerstehen und so nahm alles seinen Lauf.

Die Äpfel, die wir heute kaufen können, sehen sicherlich genauso verlockend und makellos aus wie der „Paradiesapfel", aber die Schönheit täuscht manchmal, sie schmecken leider nicht immer so, wie wir es erwarten. Wir können nur hoffen, dass Adams „sündiger Apfel" aromatischer war.

Der Apfel gehört zu den ältesten Wild- und Kulturobstarten. Der erste Apfel hieß lateinisch *Malus sylvestris var. domestica,* dessen Wildform *Malus pumila* aus Asien stammt.

Syrische Kaufleute transportierten bereits vor 7000 Jahren die ersten Äpfel vom Schwarzen und Kaspischen Meer an den Nil. Schon Ramses II (1223-1290 v. Chr.) züchtete Äpfel, er ließ riesige Plantagen mit der aus Kleinasien stammenden Frucht anlegen.

Um den Apfel ranken sich viele Legenden, Märchen und Mythen - so soll der Apfel im Epos von Homer den Trojanischen Krieg ausgelöst haben, als der Königssohn Paris entscheiden sollte, welche der drei Göttinnen die Schönste ist: Athene, Aphrodite oder Hera. Paris entschied sich für Aphrodite und schenkte ihr einen goldenen Apfel, was die beiden anderen Göttinnen sehr erzürnte.

## historisch und heute

Die Hohe Kunst des Veredelns hatten die Römer von den Griechen gelernt, sodass es 2000 v. Chr. schon sieben Apfelsorten gab. Von den Griechen über die Römer setzte der Apfel seinen Siegeszug in den Norden fort. Die römischen Legionäre brachten die wohlschmeckenden Apfelsorten und die Technik des Veredelns nach Germanien, dort experimentierten findige Züchter weiter.

Im Mittelalter war der Apfel in ganz Europa verbreitet und eine der wichtigsten Obstsorten, da er sich vor allem zum Lagern eignete und die Bevölkerung in den Wintermonaten mit Vitaminen versorgen konnte.

Auch in der Politik spielte der *Malus communis* eine staatstragende Rolle. Seit dem 12. Jahrhundert bildete der Reichsapfel gemeinsam mit Zepter und Krone die Insignien der Macht. Im Wappen der Donaumonarchie hielt sich dieses Symbol bis 1918.

In der Schweiz ließ Vogt Gessler Wilhelm Tell auf einen Apfel schießen und so wurde der Apfel für die Schweizer eine Symbolfrucht.
Man sagt, dass Schiller beim Dichten immer einen Apfel auf seinem Schreibtisch liegen hatte, der aromatische Duft soll ihm als Muse gedient haben.

Auch Bischöfe wurden mit drei goldenen Äpfeln abgebildet und der heilige Nikolaus schenkt Kindern, noch heute als Symbol, Äpfel zu Weihnachten.

Schneewittchen hätte ohne den Biss in eine rotbackige Apfelhälfte niemals ihren Traumprinzen bekommen und so spielte der Apfel in seiner Geschichte schon immer Schicksal.

# Das Apfelparadies

Der Apfel von heute hat in unserer Ernährung eine wesentliche Rolle mit seiner Vielfalt an Vitaminen, Mineralstoffen und Spurenelementen. Weltweit gibt es rund 20 000 Apfelsorten und es kommen jährlich rund 2 000 neue dazu.

Sie werden sich sicher fragen, wo denn bei dieser Vielfalt die aromatischen Sommeräpfel und andere vertraute Sorten aus Kindheit und Jugend geblieben sind? Wir erinnern uns an die „Dülmener Rose“, „Graue Renette“ und andere, die in den Gärten und Obstwiesen heranreiften und das ganze Haus im Spätsommer, nach der Ernte, mit Apfelduft erfüllten.

Diese alten Apfelsorten hatten noch genügend ätherische Öle, die am Ende des Reifungsprozesses für das herrliche Aroma und den Duft sorgten sowie die Lust auf Apfel weckten.

Bei den Ernten im Ausland werden die Äpfel, wegen des Transportes, früher geerntet, sodass der Reifungsprozess unterbrochen ist und das Aroma sich nicht mehr voll entwickeln kann.

Wegen der verkürzten Reifezeit enthalten sie meistens auch geringere Mengen wichtiger Inhaltsstoffe, die im ausgereiften Apfel vorhanden sind. Für frischen Wind im Apfelanbau sorgen heute fortschrittliche Gärtner, die Reiser von alten, beinahe vergessenen Sorten wieder aufpfropfen, oft sogar auf schwach wachsende Unterlagen, sodass man diese Bäume später auch in kleinere Gärten pflanzen und so seine eigenen Äpfel ernten kann.

Ganz oben in der Gunst der Verbraucher steht nach wie vor der „Golden Delicious“, knapp gefolgt vom knackigen „Elstar“, dem fein-säuerlichen „Cox Orange“ und dem herben „Boskoop“.

# historisch und heute

Generell gilt der Apfel schon seit Jahrhunderten als besonders gesund, da organische Bestandteile, die den herben Geschmack des Apfels hervorrufen, die Speichelbildung und die Verdauung fördern. Der Verzehr dieser Frucht wirkt sich positiv auf Störungen von Herz, Leber, Gehirn und Magen aus. Der hohe Eisenanteil und das Vitamin C helfen Kranken mit Anämie z. B. auf ganz natürliche Weise. Auch bei Knochenbrüchen und Wunden sollen Äpfel eine heilende Wirkung haben.

Und nicht zu vergessen die Produkte, die Sie aus Äpfeln machen können, wie z. B. den vielseitigen Apfelessig. Er ist ein uraltes Küchen-, Haus- und Naturheilmittel. Schon seit Jahrtausenden wird er als Speisewürze eingesetzt und findet als Getränk, Heilmittel und auch für die Schönheit großen Anklang.

Ferner gilt der Apfel als wunderbarer Durstlöscher, er wird als Apfelsaft, spritziger Apfelmost und feinherber Apfelwein verarbeitet.

Wenn im Herbst die neue Apfelernte da ist, beginnt die Zeit der Verführung, es wird mit Äpfeln gekocht und gebraten, dass es im ganzen Haus nach Apfelstrudel, Bratapfel und anderen leckeren Gerichten duftet.

Für Sie haben wir Ideen entwickelt und die aromatischen Früchte raffiniert kombiniert – ein wahrhaft himmlischer Genuss. Probieren Sie es doch einfach mal aus.

# Die bunte Apfelpalette

# Die bunte Apfelpalette

Äpfel liegen im Trend. Auf der ganzen Welt gibt es Tausende von verschiedenen Apfelsorten, die durch findige Züchter entstanden sind. Vor allem aus dem Ausland kommen ständig neue Apfelsorten auf den Markt, man weiß heute nicht genau, wie viele Züchtungen es weltweit gibt.

Der Geschmack der Verbraucher verändert sich von Jahr zu Jahr und Äpfel, die noch vor einigen Jahrzehnten in jedem Obstgarten vorkamen, können Sie heute kaum noch finden.

Die verschiedenen Apfelsorten, die heute in den Handel kommen, weisen unterschiedliche Geschmacksrichtungen und Lager- und Reifefähigkeiten auf.

Dass wir heute das ganze Jahr über auch heimische Äpfel kaufen können, verdanken wir der industriellen Lagerung. Die Äpfel werden mit einem geringen Sauerstoffanteil und niedriger Temperatur bis in den Sommer frisch und bei vollem Geschmack gelagert (siehe Seite 34).

Die Apfelsorten zum Rohessen, Kochen und industriellen Weiterverarbeiten werden in verschiedene Gruppen eingeteilt, nämlich in Tafel-, Wirtschafts- und Mostäpfel.

Tafeläpfel schmecken am besten frisch geerntet, sie lassen sich besonders gut für köstliche Rezepte in der Apfelküche verwenden, da sie voll ausgereift sind, haben sie volles Aroma und sind süß und saftig. Weil Wirtschaftsäpfel einen hohen Säuregehalt und festes Fruchtfleisch haben, eignen sie sich besonders zur Verarbeitung als Apfelsaft - Apfelmost - Apfelmus - Apfelkraut und Apfelwein sowie Trockenobst.

Als Tafelobst werden etwa 25 Sorten im Obstanbau kultiviert, von denen die Favoriten wie z. B.: „Boskoop", „Cox Orange", „Golden Delicious", „Elstar", „Gloster", „Idared", „Jonagold" und „Granny Smith" überwiegend vom Handel angeboten werden.

Für den Obstanbau sind Äpfel ideal, die Resistenzen gegen Krankheiten aufweisen, keine hohen Ansprüche an Boden und Klima stellen. Sie sollen aber ein gutes Aroma besitzen und vielfältig verwendbar sein, zum Sofortessen, als Apfelsaft sowie zum Backen und Kochen in der Apfelküche gut geeignet sein.

Selbst alte Apfelsorten erfüllen diese Ansprüche, gegen alle Vorurteile. Die breite Palette, die sie an Sortenvielfalt, hamonischen Aromen, Geschmack, Form und Größe besitzen, ist erstaunlich. Auch für die Most- und Weinherstellung besitzen sie genügend natürliche Fruchtsäuren. Es gibt unter den alten Sorten auch viele, die resistent sind gegen Krankheiten und die weder sauer, hart noch klein sind und volles Aroma haben.

Im ökologischen Obstanbau konnten sich z. B. die Sorten „Berlepsch", „Boskoop", „Cox Orange" und „Goldparmäne" halten. Die Auswahl der Äpfel, die angeboten werden, richtet sich nach der Nachfrage des Verbrauchers. In den letzten Jahren sind alte Apfelsorten aber wieder sehr gefragt und dieser Trend nimmt weiter zu. Da die Obstbauern aber ihre Obstgärten erst wieder mit diesen alten Sorten bestückt haben, ist die Ernte noch zu gering, um ausreichend große Mengen auf den Markt zu bringen (siehe Historische Sorten Seite 23).

# Aktuelle Sorten

Aber immer mehr kleinere Gärtnereien haben sich auf den Anbau alter Apfelsorten spezialisiert, die nun nach den Richtlinien des biologischen Obstbaus arbeiten. Noch reicht es nicht aus, den immer größer werdenden ökologischen Wünschen der Verbraucher nachzukommen, aber die Erträge werden jedes Jahr größer.

Der Apfelliebhaber muss trotzdem nicht auf seine Bio-Äpfel verzichten, denn alte Sorten wie „Boskoop", „Berlepsch" oder „Cox Orange" gibt es in Naturkostläden, Bio-Märkten und direkt beim Erzeuger zu kaufen. Auch einige andere alte Sorten finden Sie, wenn auch oft nur in geringen Mengen.

Topaz

## Aktuelle Sorten

Zu den bereits bekannten Apfelsorten werden laufend neue gezüchtet. So entstand z. B. aus dem bekannten „Gala" ein neuer Apfel, der „Imperial Gala". Aufsehen erregte auch in Fachkreisen der „Braeburn". Der hier beschriebene Topaz ist auch einer dieser aktuellen Äpfel.

## Topaz

Der „Topaz" wurde 1984 aus „Rubin" und „Vanda" gezüchtet, dieser Apfel wird von Krankheiten wie Schorf meist verschont und ist auch wenig anfällig für Mehltau. Dies ist heute für den Bio-Obstanbau besonders wichtig. Der Apfel ist von mittlerer Größe, kugelförmig und etwas abgeplattet.
Seine Schale ist glatt, nicht hart, gelb bis orangerot, gelborange gefärbt und leicht wachsig.
Das Fruchtfleisch ist gelb, fest, sehr saftig und von angenehm säuerlichem Geschmack.
Erntezeit ist ab Ende September bis Mitte Oktober und er lässt sich gut lagern.

## Golden Delicious

Der große hochgebaute, sich zum Kelch verjüngende Apfel ist die Nr. 1 auf der Welt. Um 1890 zufällig im Hausgarten in Westvirginia/USA gefunden, ist er seit 1914 verbreitet. Seinen Erfolg verdankt er dem gelblichen, knackigsaftigen und süßen Fruchtfleisch mit wenig Säure und würzigem Aroma. Er wird deshalb auch von Kindern bevorzugt und eignet sich zum Rohessen wie auch zum Kochen.
Seine Form ist länglich bis rund, sein Gewicht liegt bei 150 g, der Vitamin-C-Gehalt bei ca. 15-20 mg.
Erntezeit ist Mitte bis Ende Oktober, bei normaler, kühler Lagerung hält er sich bis zum Frühjahr.

# Die bunte Apfelpalette

### Red Delicious

Der Zufallssämling „Red Delicious“ ist vermutlich eine Art der Sorte „Gelber Bellefleur“, aus den USA 1895 das erste Mal benannt. Da seine Namensgebung von der Baumschule Stark übernommen wurde, ist er auch häufig unter dem Sortennamen „Stark“ zu finden. Der Apfel ist glockenförmig, mittel bis groß und hat eine grünliche, dunkelrote Schale. Sein grünweißes Fruchtfleisch ist fest, knackig, saftig und schmeckt süß. Erntezeit ist von Anfang bis Mitte Oktober. Der Apfel schmeckt von November bis April.

### Jonagold

Eine Kreuzung aus „Jonathan“ und „Golden Delicious“ - im Jahre 1943 in den USA entstanden. Ab 1968 in den Handel gekommen. Der Apfel ist groß, ca. 200 g schwer, rund bis kegelförmig. Fruchtgröße und Form erinnern an den „Golden Delicious“. Die Schale ist grün- bis sattgelb, manchmal orangerot-verwaschen bis geflammt. Fruchtfleisch: gelblich, saftig und locker. Geschmack: süßlich-feinsäuerlich, breites Aroma, ausgewogenes Zucker-Säureverhältnis. Er hat einen hohen Vitamin-C-Gehalt (30 mg) und eignet sich auch gut für kalte Apfelgerichte. Der Apfel wird im Oktober geerntet und kann bis ins Frühjahr hinein gelagert werden.

### Idared

Der „Idared“ verdankt seinen angenehm säuerlichen Geschmack seinen Elternsorten „Jonathan“ und „Wagner". Der Apfel wurde 1930 in den USA gezüchtet und gehört mit zu

den meist verbreiteten Apfelsorten. Der Apfel ist rund, gelbgrün oder hellrot, er hat eine relativ feste Schale. Er gehört mit 160 g zu den größeren Äpfeln, hat einen hohen Vitamin-C-Gehalt (30 mg) und ist als Tafel- und Kochapfel gleichermaßen gut verwendbar.
Durch seine geringe Süße ist er für Diäten und für Diabetiker besonders gut geeignet.
Erntezeit ist Ende Oktober, jedoch schmeckt der Apfel erst - bei guter Lagerung - zwischen Dezember und April richtig gut.

### Granny Smith

Diese Apfelsorte wuchs eines Tages als Spontanmutation, wie die Fachleute sagen (also nicht durch gezielte Züchtung), im Garten der Witwe mit dem Namen Granny Smith, in Australien. Der Apfel benötigt viel Wärme und wird vor allem auf der Insel Tasmanien, in Australien, Argentinien, aber auch in Südfrankreich angebaut. Jahrelang stand der „Granny Smith" ganz oben bei den Apfelliebhabern. Der Apfel ist rund, hat eine kräftige Schale, eine typisch grüne Farbe und ein Gewicht von 140 g.
Sein Fruchtfleisch ist fest, saftig, grünlich-weiß und schmeckt eher säuerlich.
Da diese Sorte bereits ab Ende März bis Anfang November geerntet werden kann, ist sie praktisch das ganze Jahr über frisch verfügbar.

### Anmerkung:

Der bei den verschiedenen Apfelsorten angegebene Vitamin-C-Gehalt und das Gewicht sind immer nur ca.-Angaben, da die Äpfel durch unterschiedliche Standorte und klimatische Bedingungen davon abweichen können.

Idared

Granny Smith

# Die bunte Apfelpalette

## Royal Gala

Der Apfel ist eine Weiterentwicklung aus dem „Gala", der schon in den 30er Jahren bekannt war, dieser wurde wiederum aus dem „Golden Delicious" gezüchtet.
Der Apfel besitzt ein attraktives Aussehen und eine glatte Schale mit gelber Grundfarbe. Es gibt den „Royal Gala" mit gestreift marmorierter Deckfarbe, den „Gala Must" mit verwaschener Deckfarbe und den „Mondial Gala" mit mehr als zwei Drittel gestreift-verwaschener Färbung von intensivem Rot. Er ist saftig, knackig im Biss und schmeckt harmonisch, feinaromatisch, süß mit einem hohen Zuckergehalt. Seine Form ist hochrund, klein bis mittelgroß, er hat ca. 130 g Gewicht und enthält 7-13 mg Vitamin C.
Der Apfel wird Ende September geerntet und bei richtiger Lagerung schmeckt er bis März-April.

## Gloster

Die in Norddeutschland, im „Alten Land", 1951 entstandene Züchtung ist seit Ende der 60er Jahre in ganz Europa verbreitet.
Der glockenförmige Gloster gehört durch sein Gewicht von ca. 190 bis zu 300 g zu den großen Äpfeln. Der Apfel ist meist gelb bis rötlich gefärbt. Das Fruchtfleisch ist grün, fest, saftig und schmeckt säuerlich, nach längerer Lagerung wird es weich. Der „Gloster" hat nur einen geringen Vitamin-C- und Zuckergehalt.
Er wird erst Mitte bis Ende Oktober geerntet und ist bei normaler Lagerung von Weihnachten bis April haltbar, bei Speziallagerung bis Juni.

## Elstar

Der „Elstar" wurde in Holland gezüchtet und ist seit 1972 als Sorte bekannt.
Der mittelgroße Apfel hat ein Gewicht von ca. 130 g. Der kugelige Apfel hat eine leuchtend rote, marmorierte Haut. Das Fruchtfleisch ist gelblich und mittelfest. Der Elstar hat

einen würzig-fruchtigen Geschmack mit erfrischender Säure und einen Vitamin-C-Gehalt von 13-18 mg. Er schmeckt frisch sehr gut, wird aber auch gerne zu Kompott und Mus verarbeitet und es kann aus ihm auch ein hervorragender Apfelsaft hergestellt werden. Erntezeit ist von September bis Anfang Oktober. Der Apfel ist jedoch auch bis in die späten Wintermonate hinein lagerfähig.

### Cox Orange

Der Cox Orange ist ein König unter den Apfelsorten. Um 1825 wurde er von Richard Cox (England) entdeckt und ab 1850 in den Handel gebracht.

Die runde Frucht hat eine geflammte bis marmorierte, orange- bis bräunlichrote Farbe. Das Fruchtfleisch ist grünlich bis gelb, saftig und später angenehm mürbe. Der Geschmack ist aromatisch, süß-fruchtig, sehr würzig mit feiner Säure. Der „Cox Orange" hat ein Gewicht von ca. 120 g und besitzt zwischen 12 und 24 mg Vitamin C.

Erntezeit ist von Mitte September bis Anfang Oktober, essbar ist der Apfel ab Oktober bis März. Der Apfel ist als Tafelobst sehr beliebt und findet in der Küche vielfältige Verwendungsmöglichkeiten.

# Die bunte Apfelpalette

## Boskoop

Dieser Winterapfel wurde 1863 in Holland gezüchtet und ab 1939 in Deutschland am Niederrhein verbreitet.
Die Schale ist trocken bis rau, grünlichgelb, die Deckfarbe ist orange, rot, marmoriert und gestreift. Dieser mittel- bis große Apfel ist flachkugelig bis hochrund und hat ein Gewicht von 200 g. Der „Rote Boskoop“ ist rot bis dunkelrot oder braunrot.
Das Fruchtfleisch ist gelblichweiß, saftig, erfrischend säuerlich und genügend süß. Erntezeit ist ab Mitte Oktober, so spät wie möglich, um eine höhere Zuckerbildung zu erreichen. Bei normaler Lagerung haltbar bis März.

## Braeburn

Die Apfelsorte wurde 1952 als Zufallskreuzung erstmals in Neuseeland gefunden. Der Apfel ist wahrscheinlich, da er zufällig entstanden ist und wir nichts Genaues wissen, eine Kreuzung der Sorten „Lady Hamilton“ und „Cox Orange“. Der Apfel hat eine dunkelrote, leicht gestreifte Schale.
Sein weißes, festes Fruchtfleisch ist sehr saftig und aromatisch. Erntezeit ist ab Mitte Oktober, er ist bis Ende Mai lagerfähig.

## James Grieve

Gezüchtet 1890 von James Grieve in Schottland, er ist der Lord unter den Äpfeln.
Der Apfel ist meist rund, mittelgroß, mit gelbgrüner bis rötlicher Schale. Der „James Grieve“ wiegt ca. 140 g und hat einen Vitamin-C-Gehalt von 30 mg.
Das Fruchtfleisch ist weiß, saftig und weich, das Aroma angenehm säuerlich. Da der Apfel einen geringen Zuckergehalt hat, ist er für Diabetiker und Diäten sehr gut geeignet.
Erntezeit ist von Anfang August bis Anfang September.
Der James Grieve ist ein guter Tafel- und Wirtschaftsapfel (Apfelmus), ist aber nicht sehr lange lagerfähig und sollte daher schnell verarbeitet werden.

Roter Boskoop

Braeburn

James Grieve

# Historische Sorten

## Historische Sorten

Alte Apfelsorten haben Konjunktur. Schon fast in Vergessenheit geraten, erobern sich alte Apfelsorten langsam wieder den Markt. Die Rettung vergessener Apfelsorten wie z. B. die „Schöne von Miltenberg" ist ein Anliegen vieler Botaniker. Mit glänzend roten Backen auf gelber Haut haben wir hier eine besonders aromatische, uralte Apfelsorte, die schon vor 200 Jahren in den Garten-Büchern des „Apfelpfarrers" Johann Ludwig Christ aus Kronberg erwähnt wurde, er wurde in der Rhön durch Zufall wieder entdeckt. Eine weitere vermeintlich ausgestorbene Apfelsorte, die einst weit verbreitet war, wurde gerade im berühmten Obstbaugebiet Werder/Havel wieder entdeckt. Nur durch Zufall hat ein Züchter an einem über 70-jährigen Baum die Werdersche „Wachs-Renette" in Mahlow gefunden und die Nachzucht ist gelungen. Ob sich diese alten Apfelsorten jedoch wieder durchsetzen werden, bleibt nur zu hoffen. Kenner sagen, dass die alten Apfelsorten mit Namen wie „Hochzeitsapfel", „Korbacher Schmierläppchen", „Odenwälder Krummstiel" oder „Roter Eiserapfel" den Supermarkt-Äpfeln haushoch überlegen sind. Nicht nur der Geschmack ist besser, sie sind auch meist resistenter gegen Krankheiten und müssen nicht so oft gespritzt werden. Aber nicht nur bei Experten und Verbrauchern haben alte Apfelsorten wieder Konjunktur. Auch bei den Apfelweinproduzenten stehen alte Apfelsorten wieder hoch im Kurs. Ein paar dieser alten Sorten sind z. B. der „rote Jungfernapfel", „Kaiser Alexander", „Virginischer Rosenapfel" oder „Carmeliter-Reinette". Andere Sorten sind auch heute noch zahlreich in Obstgärten zu finden, auch wenn sie auf Märkten kaum mehr zu kaufen sind.

## Bohnapfel

Der „Große Rheinische Bohnapfel" stammt vom Mittelrhein und wurde um 1800 gezüchtet. Er ist in der Schweiz und in Deutschland verbreitet.
Die Schale ist glatt und grün bis grüngelb, blaurot marmoriert bis gestreift. Der Apfel ist klein bis mittelgroß.
Das Fruchtfleisch ist sehr fest, saftig bis säuerlich und ohne Aroma.
Erntezeit ist ab Ende Oktober; Verwendung ab November. Der Apfel hat eine lange Lagerfähigkeit bis Juni. Er eignet sich gut als Most- und Kochapfel.

## Ingrid Marie

Wurde um 1910 in Dänemark gefunden und stammt wahrscheinlich vom „Cox Orange" ab. 1936 wurde der Apfel in Nordeuropa verbreitet.
Die Schale ist gelbgrün, auf der Sonnenseite flächig dunkelrot gefärbt. Der Apfel ist mittelgroß, rund und abgeplattet.
Das mürbe Fruchtfleisch ist grünlichgelb mit feiner Säure.
Erntezeit ist Mitte bis Ende September, essbar von Oktober bis März. Er eignet sich als Tafel- und Verwertungsapfel z. B. für Apfelsaft.

Ingrid Marie

# Die bunte Apfelpalette

### Landsberger Renette
Der Apfel ist aus „Minister von Hammerstein" 1850 in Landsberg/Warthe entstanden und in Deutschland verbreitet.
Die glatte, wachsige Schale ist gelbgrün bis gelb, auf der Sonnenseite verwaschenes Gelborange.
Der Apfel ist mittelgroß und breitkugelig.
Das Fruchtfleisch ist weißgelb, saftig bis süßsäuerlich mit feinem Aroma.
Erntezeit ist Ende September bis Mitte Oktober, essbar von November bis März, er ist lange lagerfähig. Er eignet sich als Tafel- und Verwertungsapfel.

### Champagner-Renette
Als Zufallssämling wahrscheinlich in der Champagne um 1799 entstanden und in Europa verbreitet.
Der Apfel hat kleine platte Früchte und ist grünlich, manchmal zungenförmig berostet. Auf der Sonnenseite hat er eine marmorierte, orangerot gefärbte, wachsige Schale.
Er hat weißes, saftiges, fein säuerliches Fruchtfleisch.
Erntezeit ist Ende Oktober; essbar ab Dezember bis Mai; gute Lagerfähigkeit auch ohne Kühlung.
Er eignet sich als Tafel-, Most- und Kochapfel.

### Ontarioapfel
Er wurde 1874 im Ontario County (New York) erstmals beschrieben. Der Apfel ist eine Kreuzung aus Sämlingen von „Nothern Spy" und „Wagnerapfel". Er wurde 1882 über Frankreich in Europa verbreitet. Der Apfel hat große, breitbauchige, flache Früchte. Die Schale ist wachsig, grünlichgelb geflammt bis flächig orangerot. Das grünweiße, saftig frische Fruchtfleisch hat wenig Aroma, aber einen hohen Vitamin-C-Gehalt.
Erntezeit ist Mitte bis Ende Oktober, gut essbar von Dezember bis Mai. Er eignet sich als Tafelapfel, Apfelmus und industriell für Saft.

Ontarioapfel

Champagner-Renette

### Kanadarenette

Seine Herkunft ist unbekannt, in Frankreich aber schon 1771 beschrieben. Der Apfel ist in West- und Südosteuropa von Südtirol bis Schweden verbreitet.
Der Apfel ist breitrundlich, flachkugelig und mittelgroß, groß bis sehr groß, sein Gewicht beträgt 170 g.
Die Schale ist trocken bis rau, stumpf, auch glatt, fest und zäh. Die Schale ist hell, fahl bräunlichgelb bis trübgelb, manchmal auch von bräunlichorange bis orangerot oder hellkarmin.
Das Fruchtfleisch ist grünlich, gelblichweiß, mittelfest bis fest, später mürbe. Der Geschmack ist süß bis mild säuerlich, süßweinig und hat ein edles Aroma.
Erntezeit ist sehr spät im Jahr. Der Apfel eignet sich als Spitzentafelapfel und zur Verarbeitung in der Küche.

### Klarapfel

Der „Klarapfel" wurde als Zufallssämling in Lettland entdeckt und ist in Mitteleuropa seit 1850 sehr verbreitet und noch immer in vielen Gärten zu finden.
Er ist immer noch der erste Apfel jeder Ernte. Mit dem „Klarapfel" startet die Apfelsaison. Bereits ab Mitte Juli ist der kleine bis mittelgroße Apfel, Gewicht ca. 75 g, mit seinem grünlichweißen, knackend saftigen Fruchtfleisch zu finden. Er wird am besten direkt ab Baum gegessen, denn er ist nicht besonders gut haltbar.

Klarapfel

Kanadarenette

# Die bunte Apfelpalette

**Jonathan**
Der „Jonathan" kam Ende des 18. Jahrhunderts aus Amerika zu uns nach Europa und war lange Zeit „die Apfelsorte" auf dem Weltmarkt.
Das Fruchtfleisch ist weißgrün und fest. Der Geschmack ist säuerlich mit schwachem Aroma. Das Gewicht des Apfels beträgt ca. 120 g, die Schale ist glatt, wachsig und hellgelb.
Erntezeit ist Ende September bis Anfang Oktober, sein volles Aroma erreicht der „Jonathan" von November bis März.

**Goldparmäne**
Dieser mittelfrühe Apfel gehört zu den ältesten Sorten. Der Apfel war bereits vor 1700 in Frankreich bekannt und wurde später von England aus verbreitet. Die Schale hat eine rot-orange geflammte, streifige Farbe auf gelblichem Grund. Das Fruchtfleisch ist weiß, fest, saftig, später weich, aber nicht trocken. Das Gewicht des Apfels ist ca. 100 g. Der Geschmack der „Goldparmäne" ist süß-fruchtig, oft nussartig.
Die Erntezeit ist von September bis Oktober, ein Apfel, der seinen Geschmack auch bei Lagerung bis ins Frühjahr behält.

Jonathan

Goldparmäne

# Historische Sorten

## Berlepsch

Der Apfel mit Vergangenheit - er wurde etwa um 1880 aus den Sorten „Ananasrenette" und „Ribsten Pepping" gezüchtet; hauptsächlicher Anbau im Rheinland. Der „Berlepsch" ist reich an Vitamin C. Die zarte Schale ist teils schwach bis fleckig grüngelb bis dunkelrot gefärbt. Das Fruchtfleisch ist hell, fest und saftig. Der Geschmack des Apfels ist frisch, er hat eine feine Fruchtsäure und ist aromatisch. Der Apfel ist ca. 110 g schwer.
Die Erntezeit ist Anfang Oktober, er erreicht sein volles Aroma jedoch erst bei Lagerung von November bis April.

## Gravensteiner

Der Apfel ist nach Schloß Gravenstein bei Apenrade (Dänemark) benannt. Er ist bereits seit dem 18. Jahrhundert bekannt und in Südtirol, der Schweiz und Deutschland verbreitet.
Der gelbgrüne, rot gestreifte „Gravensteiner" mit seinem saftigen, knackigen und sehr aromatischen Fruchtfleisch weckt wunderbare Kindheitserinnerungen.
Er ist der eigentliche „Klassiker" unter den Frühsorten und noch heute einer der beliebtesten Äpfel. Den gelben „Gravensteiner" gibt es auch in roter Färbung.
Seine Form ist rund, er wiegt ca. 110 g und er hat eine wachsige Schale.
Er kann ab Ende August bis Mitte September geerntet werden, ist sofort essbar und sollte nicht länger als 2 Monate gelagert werden.
Ein wertvoller Tafelapfel, aber auch gut für Apfelmus, Kompott und Kuchen geeignet.

Berlepsch

Gravensteiner

# Apfel und Co

## Wissenswertes rund um den Apfel

### Die Herkunft

Der Apfel ist so alt, dass er wahrscheinlich schon in der Steinzeit bekannt war. Man vermutet, dass er sich vom gotischen Wort „Apel" ableitet und im Althochdeutschen zu „Apful" umgewandelt wurde. Im Laufe der Jahrhunderte wurde dann das Wort Apfel daraus.

### Die Beschreibung

Ein Apfel sollte keine Druckstellen und Wurmlöcher haben, sondern eine straffe Schale ohne Flecken, sowie einen aromatischen Duft besitzen.

### Der Geschmack

Der saure Geschmack von unreifen Äpfeln und auch einigen Sorten, wenn sie reif sind, wird durch die Apfelsäure verursacht. Während des Reifevorgangs nimmt der Gehalt an Apfelsäure bei nichtsäuerlichen Sorten ab und der Apfel wird süßer.
Bei Äpfeln ist für jeden Geschmack etwas dabei. Äpfel gibt es von süß über voll aromatisch bis säuerlich, je nach Sorte und Standort.

### Der Nährwert

Der Apfel enthält viel Vitamin C, aber auch die Vitamine A, $B_1$, $B_2$ und E. Die Apfelschalen besitzen besonders viel Pektin (Ballaststoff).

### Die Apfelsaison

Die ersten Äpfel werden in Deutschland und in den europäischen Nachbarstaaten Anfang/Mitte August geerntet. Dabei handelt es sich allerdings um Sorten, die nur relativ kurz lagerfähig und in der Regel säuerlich sind. Die Haupternte findet im September und Oktober statt. Viele dieser Apfelsorten, z. B. „Boskoop", „Cox Orange", „Jonagold", können Sie bis zum darauf folgenden Frühjahr kaufen, wenn die Apfelbäume bereits wieder blühen.

### Einkauf und Verwendung

Beim Apfelkauf sollten Sie auf eine pralle, unbeschädigte Oberfläche achten. Probieren Sie ruhig einmal die II. Wahl aus, denn nicht immer sind die schönsten Äpfel auch die aromatischsten. Wenn Sie große Mengen an Äpfeln lagern möchten, sollten diese nicht zu dicht und kühl und trocken liegen (siehe Lagerung Seite 34). Da Äpfel sich wunderbar zu Apfelsaft, Mus und Kompott verarbeiten lassen, kaufen Sie ruhig mal größere Mengen ein. Das Marktangebot an Äpfeln beinhaltet sowohl weich- als auch hartschalige Äpfel. Zu den eher weichschaligen Sorten zählen z. B. der „Golden Delicious", der „Jonagold" und der „Cox Orange". Sie sind meistens bei Kindern, aber auch älteren Menschen beliebter als die mittel- und hartschaligen Sorten wie der „Elstar", der „Gloster" und der „Boskoop".

### Die Apfelschale

Äpfel zählen zu den wenigen Früchten, deren Schale als natürliche Verpackung Schutz bietet und die Sie gleichzeitig auch mitessen können. Die Apfelschale schützt das Fruchtfleisch vor äußeren Einflüssen wie beispielsweise dem Austrocknen und dem Bräunen der Frucht.
Sie bietet aber auch Schutz im Sinne von Verpackung für den Konsumenten.
Denn Äpfel können Sie jederzeit ohne weitere Umverpackung in die Schultasche, den Aktenkoffer oder die Handtasche stecken. Allerdings sollten Sie den Apfel vor dem Genuss gründlich waschen, denn der Weg vom Baum bis in den Haushalt geht durch viele Hände. Dann aber ist das Essen eines Apfels mit Schale gesundheitlich besonders zu empfehlen. Die Schale selbst beinhaltet eine Menge der für den Stoffwechsel so wichtigen Ballaststoffe, und direkt unter der Schale sitzen die meisten der wertvollen Vitamine und Mineralstoffe.

# Apfel und Co

## Wissenswertes rund um den Apfel

### Äpfel - ein vitaminreicher Genuss

Der Apfel bietet eine Vielzahl von gesunden und schmackhaften Verarbeitungsmöglichkeiten, die durch die Vielfalt der Apfelsorten und ihrer unterschiedlichen Geschmacksrichtungen entstehen, daraus hat sich eine breite Palette von Apfelprodukten entwickelt.
Wenn wir bedenken, dass der Apfel mit zu den ältesten Obstsorten der Menschheit gehört, wundern wir uns, dass sich beim Apfelsaft fast keine Trinkkultur entwickelt hat, wie z. B. beim Orangensaft, den wir am liebsten frisch gepresst trinken.
Wenn Sie beim Einkauf von Apfelsaft auf gute Qualität achten, ist er ein richtiger „Energie- und Vitaminstoß". Heute gehört der Apfelsaft zu den Rennern unter den Getränken.

### Apfelsaft - der Favorit unter den Säften

Er zählt zu den unangefochtenen Spitzenreitern unter den Fruchtsäften und liefert wichtige Mineralstoffe und Vitamine: Apfelsaft, der Deutschen liebster Fruchtsaft. 11,7 Liter hat jeder Bundesbürger 1998 im Durchschnitt davon getrunken.
Damit Sie Tag für Tag fit sind, benötigen Sie bestimmte Nährstoffe. Neben Kalium, Kalzium und Magnesium ist im Apfelsaft vor allem das Provitamin A (Beta-Karotin) enthalten.
Als Apfelschorle, gemischt mit Mineralwasser, ist er ein natürlicher Fitnessdrink und Energiespender, der es mit jedem Sportgetränk aufnehmen kann.
Um einen Liter Apfelsaft zu gewinnen, benötigen Sie etwa 1,5 kg Äpfel. Damit gehören Äpfel zu den Obstsorten, deren Saftertrag besonders groß ist. Die Bezeichnung Trinkobst ist also gerade für Apfelsaft zutreffend.
Apfelsaft ist ein Naturprodukt. Dem entspricht auch die natürliche Art der Herstellung. In den Obst verarbeitenden Betrieben werden die Äpfel als erstes auf ihre Qualität geprüft.
Anschließend kommen die Äpfel in die Waschanlage, werden verlesen und gehen dann weiter zur Mühle. Dort werden die Äpfel zu Maische gemahlen, daraus wird dann in großen Pressen der Apfelsaft gewonnen. Hier entsteht der heute besonders beliebte naturtrübe Apfelsaft bzw. Apfelsaft mit Fruchtfleisch. Bei Herstellung von klarem Apfelsaft muss der Saft zentrifugiert und gefiltert werden.
Wie alle anderen Fruchtsäfte wird der Apfelsaft ausschließlich auf physikalischem Weg, durch die so genannte Pasteurisation, haltbar gemacht: Der Saft wird für wenige Sekunden auf etwa 80° C erhitzt. Das setzt die Mikroorganismen außer Gefecht, die sonst ein Gären des Saftes bewirken würden. Die wertvollen Inhaltsstoffe des Apfelsafts bleiben bei der Pasteurisation erhalten.
Apfelsaft gibt es als „Direktsaft" und aus Apfelsaftkonzentrat. Der „Direktsaft" wird, so wie er aus der Frucht gewonnen wird, abgefüllt. Um Fruchtsaftkonzentrat zu gewinnen, entzieht man dem frisch gepressten Saft unter Vakuumbedingungen das Wasser, wobei er mehrfach verdichtet wird. Durch Rückverdünnung mit der gleichen Menge Wasser, die vorher entzogen wurde, erhält man dann wieder Apfelsaft. Der so produzierte Apfelsaft ist dem direkt abgefüllten Fruchtsaft durchaus ebenbürtig. Auch er enthält 100 % Frucht.
Apfelsaftkonzentrat verliert auch nach längerer Lagerzeit nicht an Qualität.
Wenn Fruchtsaft aus Fruchtsaftkonzentrat hergestellt wurde, ist dies auf dem Flaschenetikett vermerkt.
Apfelsaft wird fast immer pur, gemischt mit Mineralwasser als Schorle oder aber als Bestandteil von Mehrfruchtsäften getrunken. Er harmoniert sehr gut mit anderen Frucht- und Gemüsesäften wie z. B. Holunder, Möhre, Sellerie usw. Apfelsaft ist auch ein vielseitiger Mix-Partner für Cocktails, Drinks und Bowlen - ganz gleich, ob mit oder ohne Alkohol.

# Apfel und Co

## Wissenswertes rund um den Apfel

### Apfelmost und Apfelwein

Wenn Apfelsaft vergoren wird, entsteht Apfelmost oder -wein. Apfelwein wird nicht nur in Deutschland, sondern auch in Österreich, in der Schweiz und in Frankreich getrunken, hier heißt er Cidre. Den Apfelwein können Sie pur, als „saure Schorle" mit Mineralwasser oder als „süße Schorle" vermischt mit Zitronenlimonade trinken. Es ist reine Geschmackssache, ob Sie lieber Most, Apfelwein oder Cidre trinken. Der Alkoholgehalt, der bei Apfelwein bei etwa 5-6 % liegt, ist nur halb so hoch ist wie bei Wein.
Die Anforderungen an die Äpfel für einen guten „Äppelwoi" sind folgende: Die Äpfel sollten gesund und reif sein. Außerdem müssen sie genug Zucker für die Alkoholbildung und ausreichend Säure für den erfrischenden Geschmack und die Haltbarkeit mitbringen. Natürlich müssen die Äpfel ein gutes Aroma haben. Am besten eignen sich die Äpfel von den heimischen Obstwiesen.

### Calvados und Apfelbrand

Der französische Calvados, der aus der Normandie kommt, ist der bekannteste Apfelschnaps. Er lagert in Holzfässern, von denen er seinen typischen Geschmack erhält. Aber auch bei uns werden Apfelschnäpse gebrannt, die den Vergleich nicht scheuen müssen. Voraussetzung ist, dass es sich um Destillate aus edlen sortenreinen Mosten handelt. Das Brennen und die Destillation müssen mit der entsprechenden Sorgfalt durchgeführt werden, wenn man Wert auf gute Qualität legt. Apfelbrände sind starke hochprozentige Spirituosen mit ca. 40-45 % Alkoholgehalt. Ferner gibt es auch Mixgetränke wie z. B. den Apfelkorn zu kaufen, dies in eine Mischung aus Korn und Apfelsaft, die kalt getrunken wird.

### Neue Kreationen - mit Früchten Apfelwein verfeinern

Apfelwein wird normalerweise nur aus Äpfeln hergestellt.
Er kann aber auch mit einem hohen Anteil an Birnen erzeugt werden. Das schmeckt sehr gut, ist aber dann kein reinrassiger „Ebbler" oder „Ebbelwoi" mehr.
Interessanter wird die geringe Zugabe von Speierling und anderen herben Früchten: Speierling wird in einer Größenordnung von ca. 2 % zugesetzt. Das beschleunigt die Klärung des Weines und ergibt einen herben, kräftigen Schoppen.
Die Mispel soll dem Apfelwein ein feinwürziges Aroma verleihen. Diese heutzutage fast unbekannten Apfelweine traditioneller Machart werden wieder produziert, z. B. auch Quittenapfelwein. Die Quitte gibt dem Apfelwein ihr eigenes Aroma mit und verleiht ihm eine enorme Fruchtfülle.
Die Schlehe versorgt den Apfelwein mit Tanninen und Gerbstoffen und sorgt damit für einen fruchtig-frischen Äppler-Geschmack.

### Der Cidre

Der aus Frankreich stammende Cidre ist ein kalorienarmer, leicht moussierender Apfelwein mit nur etwa 2 % Alkohol, den Sie in den Geschmacksnoten lieblich und herb kaufen können. In Frankreich gibt es Kellereien, die den Apfelschaumwein sogar nach der traditionellen Champagnermethode, von Hand gerüttelt, produzieren.

### Apfellikör

Apfelliköre bestehen aus hochprozentigem Apfelschnaps und Zucker, sie werden aus sortenreinen Apfelsäften hergestellt. Der Alkoholgehalt liegt bei 16 %. Bekannt ist der Likör aus dem „Granny Smith", der einen interessanten, typischen Apfelgeschmack hat.

Apfeldicksaft
Die Most galerie
APFELSAFT
100% SAFT

# Apfel und Co
## Wissenswertes rund um den Apfel

### Apfelessig
Apfelessig zählt zu den beliebtesten und ältesten Lebensmitteln der Welt. Die Geschichte der Essigzubereitung ist so alt wie das Wissen, dass alkoholische Flüssigkeiten, wie z. B. der Most, durch Stehenlassen zu Essig vergären. Der Most wird durch die in der Luft vorhandenen Essigbakterien zu Essig (siehe Seite 55 ff.).

### Getrocknete Apfelringe
Für getrocknete Apfelringe sollten nur reife Äpfel verwendet werden. Die Äpfel schälen, das Kerngehäuse, am besten mit einem Apfelausstecher, herausnehmen und die Äpfel in Scheiben schneiden. Die Apfelscheiben auf Holzstäben oder auf Schnüren aufreihen und an einem gut belüfteten, nicht zu warmen Ort (unter 25° C) aufhängen. Oder im Backofen ca. 6-8 Stunden bei geringer Wärme (zwischen 20 und 25° C) und offener Backofentür trocknen. Für die Herstellung von gedörrten Apfelringen gibt es spezielle Trockenöfen. Sehr geschätzt werden die Apfelringe von Bergsteigern und Sportlern als Zusatznahrung. Die getrockneten Apfelringe enthalten viele Mineralstoffe und Pektin, sie haben fünfmal so viele Kalorien wie die gleiche Menge frischer Äpfel.

### Richtiger Einkauf und Lagerung
Unabhängig von der Apfelsorte sollten die Äpfel fest, aromatisch duftend sowie fleckenfrei und ohne Druckstellen sein. Ganz frisch gepflückte Äpfel sind besonders knackig und haben einen unvergleichlich frischen Geschmack.

### Einkaufskriterien
• Vollreife Äpfel duften intensiv fruchtig und haben ein volles Aroma.
• Die Schale sollte glatt, prall und unbeschädigt sein.
• Die Früchte dürfen keine Druck- oder Faulstellen aufweisen.
• Optimal ist es natürlich, die Äpfel gleich beim Erzeuger zu kaufen, auch wenn diese Bio-Äpfel oft nicht so attraktiv aussehen wie die Importware, sie sind nicht gewachst, um das Aussehen und die Haltbarkeit zu verbessern und sie haben einen unvergleichlichen Duft und Aroma.
• Meist bekommen Sie kostenlose Tipps, wo und wie lange sie gelagert werden können und wann sie die volle Genussreife haben.

### Aufbewahren und lagern
Auch wenn es vielleicht ungewöhnlich erscheint, kleinere Mengen Äpfel werden am besten im Gemüsefach des Kühlschranks aufbewahrt. Denn eine kühle Lagerung schützt vor dem Verlust der natürlichen Feuchtigkeit, die sie so knackig macht. Außerdem kann dadurch verhindert werden, dass die Früchte im Inneren um das Kerngehäuse braun werden. Das passiert leicht, wenn Äpfel zu warm gelagert werden. Größere Mengen Äpfel, z. B. aus dem eigenen Garten, sollten möglichst in einem kühlen, dunklen Raum, in dem reichlich Luft zirkuliert, gelagert werden. Wichtig: Von Zeit zu Zeit müssen die Früchte kontrolliert und faule ausgelesen werden.
Zu Hause werden Äpfel am besten auf Holzborden oder Brettern, in luftigen Räumen mit einer Temperatur von 2-5° C gelagert. Es sollte darauf geachtet werden, dass sich die Äpfel nicht berühren. Diese klassische Art der Apfellagerung wird heute noch von Haushalten mit größeren Apfelernten praktiziert.

# Apfel und Co

## Wissenswertes rund um den Apfel

### Äpfel im Winterschlaf

Äpfel unterscheiden wir nach ihrem Erntezeitpunkt und ihren Lagereigenschaften nach Früh-, Herbst- und Wintersorten. Zu den Wintersorten zählen so beliebte Marktsorten wie „Jonagold", „Elstar", „Ingrid Marie", „Gloster", „Boskoop", „Cox Orange" und „Golden Delicious". Während die frühen Apfelsorten nur bedingt und über einen kurzen Zeitraum gelagert werden können, haben die späten Sorten die günstige physiologische Eigenschaft, besonders lagerfähig zu sein. Um ihre Frische und den Erhalt der wertvollen Inhaltsstoffe weitgehend garantieren zu können, nutzt die europäische Obstwirtschaft die so genannte CA-Lagerung. „CA" ist die international gebräuchliche Abkürzung für kontrollierte Atmosphäre.
D. h., neben einer kühlen Lagertemperatur von +1 bis +2° C und einer relativen Luftfeuchtigkeit von 80 bis 90 % wird der Kohlendioxidanteil der Lagerluft erhöht und gleichzeitig der Sauerstoffgehalt gesenkt. Auf diese völlig natürliche Weise wird die Atmung der Äpfel verlangsamt und der Stoffwechselprozess reduziert.
Somit wird der Reifungsprozess der Äpfel nahezu gestoppt, das Fruchtfleisch bleibt fest und die wertvollen Vitamine und Mineralstoffe bleiben erhalten. Die Lagerfähigkeit von Äpfeln beträgt unter diesen Bedingungen mindestens 4-8 Monate. Neben den Früh- und Herbstsorten haben somit Äpfel das ganze Jahr über Saison.

### Vitamin-C-Erhaltung

Die Kälte ist das wichtigste Mittel, um den Vitamin-C-Abbau zu hemmen. Die Äpfel müssen deshalb nach der Ernte sofort in ein Kühllager. Schon eine dreiwöchige Aufbewahrung bei 15° C vermindert den Vitamin-C-Gehalt um 50 %.

### Apfel-Güteklassen

Handels- und Güteklassen bestimmen die verschiedenen Qualitätsstufen, nach denen Obst und Gemüse sortiert und anschließend gekennzeichnet werden. Dies bezieht sich sowohl auf die Fruchtgröße und -form als auch auf die Sorte und das gesamte äußere Erscheinungsbild der Frucht. Hier die EG-Qualitätsnormen. Die Einteilung der einzelnen Produkte aus dem Obstbereich erfolgt in vier Klassen:

### Klasse extra

Diese Klasse wird ausschließlich für Produkte mit höchstem Qualitätsprofil vergeben, das heißt, Äpfel weisen keine weiteren Mängel auf und ihre art- und sortentypischen Merkmale sind in besonders charakteristischer Weise vorhanden. Das bedeutet: Äpfel dürfen in Form, Entwicklung und Farbe keine Fehler aufweisen, höchstens sehr leichte Schalenfehler, sonst werden keine Beeinträchtigungen toleriert.

### Klasse I

Äpfel mit dieser Bezeichnung verfügen über eine gute Qualität; leichte Fehler sind in begrenztem Umfang zugelassen, sofern sie das allgemeine Aussehen nicht beeinträchtigen. Für Äpfel bedeutet das konkret: Sie müssen sortenspezifisch in Form und Farbe, einheitlich in der Reife, frei von Druckstellen, ohne Mängel im Fruchtfleisch, mit Stiel und baumreif gepflückt sein. Zugelassen sind lediglich geringfügige Fehler in Form und Färbung.

### Klasse II

Unter dieser Klasse laufen Äpfel mit marktfähiger Qualität, die aber trotzdem nicht in die Klasse I eingestuft werden können. Einzelne Fehler in Form und Farbe sind zugelassen. So können hier die Äpfel ohne Stiel, Früchte mit leichten oberflächigen Druckstellen und geringfügigen Schalenfehlern eingestuft werden. Das Apfelfruchtfleisch muss jedoch von größeren Mängeln frei sein.

**Klasse III**
Diese Klasse ist nicht zugelassen und wird nur angewandt, wenn das Marktangebot gering ist und deshalb auch solche Früchte auf den Frischmarkt kommen dürfen, die sonst bei größeren Erntemengen der Obst verarbeitenden Industrie zugeführt werden.
Sortenspezifisch unterschiedlich müssen Äpfel in den einzelnen Klassen bestimmte Mindesteigenschaften und Färbungen aufweisen, da nur so gewährleistet ist, dass ausreichend reife Ware zum Verbraucher gelangt. Unterentwickelte Äpfel sind in den meisten Fällen unreif und im Geschmack beeinträchtigt.
Die Einhaltung der Bestimmungen über die Qualitätsnormen und Handelsklassen wird durch bundesweite und regionale Kontroll- und Überwachungsstellen gewährleistet.

**Anmerkung:**
Umfragen haben ergeben, dass wir pro Kopf und Jahr rund 31,5 kg Äpfel verzehren - runde, ovale, grüne, gelbe und rote Äpfel, die süß oder säuerlich schmecken. Sorten mit festem Fruchtfleisch, die so richtig krachen und bei denen der Saft beim Reinbeißen nur so spritzt, und andere wiederum, die weder besonders saftig noch fest sind.
Apfel ist also nicht gleich Apfel.

# Das Gesundheits-Paradies

# Das Gesundheits-Paradies

## Der Apfel, gesund mit vielen Vitalstoffen

Äpfel gibt es in unglaublicher Sortenvielfalt, von süß bis sauer, in gelb, rot, grün, gestreift und marmoriert, doch sie haben alle die gleichen Inhaltsstoffe gemeinsam wie Vitamine, Mineralstoffe, Spurenelemente und Ballaststoffe und vieles mehr, in niedriger oder höherer Dosierung. Sie sollten den Apfel gezielt für sich nutzen und für Ihre Gesundheit einsetzen. Äpfel sind für unser Wohlbefinden, Vitalität und Energie die wichtigsten Lieferanten an Vitalstoffen. Unser Körper braucht jeden Tag lebenswichtige Nährstoffe, um gesund und leistungsfähig zu bleiben. Äpfel helfen den Nährstoffbedarf zu decken und liefern viele gesundheitsfördernde Stoffe. Der Apfel ist die beste und billigste Vorsorge für Ihre Gesundheit, die Sie sich vorstellen können. Außerdem ist er für die Linie geradezu ideal, da ein 100-g-Apfel nur ca. 55 kcal besitzt. Wie sagt ein altes Sprichwort: „Ein Apfel am Tag - mit dem Doktor kein' Plag".

## Die Apotheke der Natur

Die Menschheit hat schon seit vielen Jahrtausenden die Erkenntnis, dass der Apfel ein wichtiges und dazu preiswertes Heilmittel der Natur ist. Es gibt eine Vielzahl an überlieferten Rezepturen, deren positive Wirkungen heute von der Medizin anerkannt sind. Unsere Chemie hat durch Forschungen herausgefunden, dass sich im Apfel Wirkstoffe befinden, die für unser Leben besonders wichtig sind. Der Apfel ist im Gesundheitsbereich mit einem breiten Spektrum an Anwendungen vertreten. Es gibt kaum ein Wehwehchen, bei dem er nicht Abhilfe oder Linderung schaffen kann.

**Der Apfel besteht aus:**

| | |
|---|---|
| **Mineralstoffen:** | Eisen, Kalium, Natrium, Magnesium und Kalzium |
| **Spurenelementen:** | Jod, Kupfer und Zink |
| **Vitaminen:** | vor allem Vitamin C |
| **Ballaststoffen:** | Pektin und andere (siehe Seite 43) |

Der Apfel bietet uns in der Hausapotheke eine breite Palette von Anwendungsmöglichkeiten.

## Vitamine

Hier die wichtigsten Inhaltsstoffe, die im Apfel enthalten sind.
Die Höhe der einzelnen Werte kann schwanken, da es auf die Sorte, den Standort des Baumes und die Sonnenbestrahlung ankommt.
Die meisten Vitamine sitzen direkt unter der Schale und daher ist es am gesündesten, den gewaschenen Apfel mit der Schale zu essen.

## Vitamin A

(Retinol) und seine Vorstufe Beta-Karotin - auch Provitamin genannt - benötigen wir für: Haut, Schleimhäute, Haare, Augen, Zellschutz (Krebsschutz), Wachstum, Knochenentwicklung und Fortpflanzung. Bei Mangel: schuppige, trockene Haut, schlechter Hautschutz bei Sonneneinstrahlung (Sonnenbrand und Hautkrebs), Wachstumsstörungen und Infektanfälligkeit.

## Vitamin B1

(Thiamin) dient Nerven, Herz, Muskeln und dem Stoffwechsel der Kohlenhydrate. Bei Mangel: Leistungsabfall, Nervosität, Kopfweh, Herzstörungen, Verdauungsstörungen, Krämpfe und Lähmungen.

## Vitamin B2

(Riboflavin) dient der Verwertung von Fett, Eiweiß und Kohlenhydraten, dem Sauerstofftransport, Wachstum und der Haut. Bei Mangel: Wachstumsstörungen, rissige Lippen und Mundwinkel, Sehstörungen.

## Vitamin B6

Dient den Nerven, dem Eiweißstoffwechsel und der Blutbildung. Bei Mangel: Übelkeit, Appetitlosigkeit, Haarausfall, Muskelschwund, Blutarmut, Nervosität, erhöhte Reizbarkeit und Schlaflosigkeit.

## Vitamin C

(Ascorbinsäure) Es ist wissenschaftlich unbestritten, dass Vitamin C das Immunsystem stärkt, die Wundheilung und Narbenbildung fördert, als Schutzstoff gegen krebserregende Prozesse im Körper wirkt und für den Aufbau des Bindegewebes unerlässlich ist. Es ist am Aufbau von Kollagen beteiligt, fördert die Eisenaufnahme im Organismus und regeneriert verbrauchtes Vitamin E.
Bei Mangel: Müdigkeit, Infektionsanfälligkeit, verminderte Leistungsfähigkeit, schlechte Wundheilung, im Extremfall Skorbut (Zahnfleischschwund) mit Zahnfleisch- und Hautblutungen.

## Vitamin E

Ohne Vitamin E (Tocopherol) würden wir „rosten" wie altes Eisen. Jede unserer Zellmembranen ist durch Tocopherol vor Oxidation geschützt. Deshalb kann es im Zusammenwirken mit anderen Vitalstoffen (Vitamin A, C, dem Spurenelement Selen) schwere Krankheiten wie Krebs oder Herzinfarkt vermindern. Ganz wichtig ist Vitamin E für die Funktion der Blutgefäße (gegen Arteriosklerose, „Verkalkung"), der Muskeln und der Fortpflanzungsorgane. Es dient den roten Blutkörperchen zum Sauerstofftransport, wirkt gegen die Verklumpung von Blut und verlangsamt den Alterungsprozess der Haut.
Bei Mangel sind die ersten Warnzeichen: Sehschwäche, welke Haut, Müdigkeit, Entzündungen im Verdauungstrakt, Unfruchtbarkeit, Herzkrankheiten, Altersflecken, nervöse Reizbarkeit.

# Das Gesundheits-Paradies

## Vitamin K

Die bedeutsamsten Vitamin-K-wirksamen Verbindungen sind das Vitamin $K_1$ (Phyllochinon), welches in Pflanzen vorkommt, und das Vitamin $K_2$ (Menachinon), welches überwiegend von Bakterien gebildet wird. Gute Vitamin-K-Quellen sind somit Grüngemüse, verschiedene Kohlsorten, Vollkornprodukte, Kartoffeln, Milch- und Milchprodukte sowie Fleisch. Die Bedeutung des Vitamin K für den Körper liegt in seiner Beteiligung an der Bildung verschiedener Blutgerinnungsfaktoren und dem Knochenaufbau. Da Neugeborene häufig keine ausreichenden Vitamin-K-Speicher aufweisen, wird ihnen dieses Vitamin in den ersten Lebenswochen vom Kinderarzt in Tropfenform verabreicht.

## Cholin

Cholin ist eine alkalische organische Verbindung, die im menschlichen Organismus wichtige Funktionen erfüllt. Die klassische Definition der Vitamine trifft für Cholin nicht in vollem Ausmaß zu. Cholin ist im Körper für die Konzentrationsfähigkeit verantwortlich. Cholin verhindert auch die Ansammlung von Fett in der Leber. Bei Cholinmangel lassen sich daher unter anderem Störungen im Fettstoffwechsel der Leber nachweisen. Störungen im Lecithin- und Cholinstoffwechsel können auch zu bestimmten nervenzerstörenden Krankheiten wie beispielsweise der Alzheimer Krankheit führen und durch sich bildende Fetteinlagerungen die Entstehung eines Leberkarzinoms fördern. Cholin kann der Körper entweder selbst herstellen oder mit der Nahrung aufnehmen.

## Mineralstoffe und Spurenelemente

Diese werden bei Aufbauprozessen und im Stoffwechsel des Menschen in geringen Mengen gebraucht und führen bei Mangel zu verschiedenen Störungen. Kritisch ist die Zufuhr häufig bei Kalzium, Eisen, Jod und möglicherweise Chrom. Eine Erhöhung der Mineralstoffzufuhr kann im Allgemeinen durch eine ausgewogene Mischkost erreicht werden, die einen hohen Anteil an Gemüse und Vollkorngetreideprodukten besitzt. Außerdem kann über hartes Trinkwasser eine zusätzliche Zufuhr, besonders an Kalzium und Magnesium, erreicht werden.

## Sekundäre Pflanzenstoffe

Unter diesen Begriff fallen mehrere tausend Substanzen, die ausschließlich und in sehr geringer Menge in pflanzlichen Lebensmitteln wie Obst, Gemüse, Kartoffeln, Hülsenfrüchten und Vollkornprodukten vorkommen. Im Gegensatz zu den energieliefernden Nährstoffen Fett, Kohlenhydrate und Eiweiß, die als primäre Stoffe bezeichnet werden. Auch Farb- und Aromastoffe, die in jeder Apfelsorte in unterschiedlichen Mengen und Arten vorhanden sind, fallen unter sekundäre Pflanzenstoffe. Jede Apfelsorte duftet und schmeckt anders und unterscheidet sich farblich. Bisher wurden im Apfel 40 verschiedene Farb- und Aromastoffe erfasst, von denen 15 eindeutig identifiziert werden konnten. Diese Substanzen dienen den Äpfeln wahrscheinlich auch als Schutzfaktor vor Mikroorganismen, Insektenfraß und vor Umweltstress, z. B. starke UV-Strahlen und Ozon. Für den menschlichen Organismus sind die gesundheitsfördernden Eigenschaften der Farb- und Aromastoffe von großer Bedeutung. Sie können die unerwünschten freien Sauerstoffradikale im Stoffwechsel fangen und tragen somit zum Schutz vor Kreislauferkrankungen sowie zur Stärkung des Immunsystems bei. Außerdem können die sekundären Pflanzenstoffe entzündungshemmend, blutdruck- und cholesterinsenkend sowie antibakteriell wirken.

## Phenolsäuren und Flavonoide

Sind als sekundäre Pflanzenstoffe in Lebensmitteln pflanzlichen Ursprungs weit verbreitet. Aufgrund ihrer antioxidativen und antikanzerogenen Wirkung könnten sie an der koronar- und krebsprotektiven Wirkung einer an obst- und gemüsereichen Ernährung beteiligt sein.
Gerade von den Wissenschaftlern entdeckt: Die Flavonoide, gelbe und rote Farbstoffe in der Apfel-Schale, schützen unsere Herz-Kranz-Gefäße vor dem Verkalken. Viele von den sekundären Pflanzenstoffen haben antioxidative Wirkungen. Die positiven Eigenschaften dieser Stoffe werden erst seit einigen Jahren intensiv erforscht. Diskutiert werden eine Reihe von gesundheitsfördernden Wirkungen: die wichtigste ist sicherlich die vorbeugende Wirkung gegen Tumorerkrankungen.

## Karotine/Karotinoide

Am bekanntesten: Beta-Karotin, beugt wie schon Vitamin E der Alterung der Haut, Sonnenbrand und Hautkrebs vor, und zwar von innen.

## Fruchtsäuren

Im Apfel sind auch Fruchtsäuren, insbesondere Apfelsäure (bis zu 90 %) enthalten. Je nach Sorte ist der Anteil an diesen Fruchtsäuren unterschiedlich hoch und sie sind verantwortlich für den jeweils sortentypischen Geschmack des Apfels. Über Fruchtsäuren ist in der letzten Zeit im Bereich Kosmetik viel geschrieben und geredet worden. Fruchtsäuren, äußerlich angewendet, helfen UV-geschädigte Haut regenerieren und Falten können gemindert werden. Darüber hinaus sollen Fruchtsäuren Ansammlungen von Harnsäure, wie sie bei Gicht und rheumatischen Erkrankungen auftreten, im menschlichen Körper abbauen. Fruchtsäuren oxidieren bei der Verdauung und wirken so einer Übersäuerung des Gewebes entgegen. Die Wirksamkeit der Apfelsäure im menschlichen Körper ist noch nicht abschließend erforscht.

## Pektin, ein nützlicher Ballaststoff

Der Apfel und insbesondere die Apfelschale ist reich an dem wasserlöslichen Ballaststoff Pektin. Dieser Stoff ist durch seine Quellfähigkeit verantwortlich für den Wasserhaushalt und den Zusammenhalt des Apfels.
Der menschliche Körper baut Ballaststoffe nicht ab, sondern scheidet sie aus. Ballaststoffe wie Pektin binden Schadstoffe im Körper, transportieren sie bei der Ausscheidung ab und regen gleichzeitig durch ihr Vorhandensein die Verdauung an. Pektin ist deswegen wichtig zum Schutz des Magen-Darm-Traktes. Ballaststoffe sind unverzichtbar für geregelte Verdauungsabläufe. Sie binden Giftstoffe der Nahrung, geben dem Körper das Gefühl von Sättigung und fördern den kontinuierlichen Nährstofftransport. Durch Ballaststoffe wird die Dickdarmmuskulatur angeregt und die Darmpassage beschleunigt. Die Verdauung wird also auf natürliche Weise angeregt. Zusätzlich senkt das Pektin der Äpfel den Cholesterinspiegel und beugt Arterienverkalkung vor. Es hat eine sättigende Wirkung und daher ist der Apfel zur Unterstützung bei einer Diät ein hilfreicher Partner.

# Das Gesundheits-Paradies

## Apfel-Entschlackungs-Kur

Damit Sie mit dieser Entschlackungs-Kur Erfolg haben, sollten Sie einige wichtige Punkte berücksichtigen:

• Günstig wäre ein Wochenende oder drei ruhige Tage, wenn die Kinder außer Haus sind oder der Mann verreist ist und Sie Zeit für sich haben.

• Sie sollten schon am Tag vor der Kur auf leichte Kost (Salate, Gemüse, Früchte usw.) umsteigen, um Magen und Darm zu entlasten. Günstig ist auch auf Kaffee und schwarzen Tee zu verzichten, dies erleichtert den Start.

• Da Sie täglich ca. 2 kg ungeschälte Äpfel essen dürfen, sollten Sie sich Ihre Apfel-Favoriten aussuchen, um mehr Vielfalt in die Kur zu bringen, denn Sie möchten doch durchhalten, oder?

• Am besten sind Bioäpfel, die unbehandelt sind.

• Die Äpfel sollten Sie gründlich waschen und auf jeden Fall mit der Schale essen.

• Kauen Sie die Äpfel so lange, bis sie nur noch Brei sind und essen Sie die Äpfel mit Genuss.

• Sie sollten zwischen den einzelnen Apfelmahlzeiten ungefähr 2 Stunden Abstand einhalten, damit der Körper die gesunden Stoffe aus dem Apfel verarbeiten kann.

• Eine halbe Stunde vor und nach der Apfelmahlzeit sollten Sie nichts trinken, da die Flüssigkeit die Verdauungssäfte verdünnt.

• Sie sollten 2 Liter täglich, wenn Sie möchten, mehr trinken. Als Getränke sind zu empfehlen: Mineral-, Soda-, Leitungswasser, naturreiner Apfelsaft, Früchte-, Kräutertee oder den „Apfel-Drink" (Rezept siehe rechts).
Den „Apfel-Drink" können Sie mehrmals am Tag zwischen den Mahlzeiten trinken.

• Hunger werden Sie keinen haben, da Äpfel Pektin (Ballaststoff) enthalten, der im Magen aufquillt und so ein Sättigungsgefühl hervorruft.

• Die Enzyme im Apfel fördern die Speichelbildung und lösen dadurch bereits im Mund wichtige Bestandteile heraus. Wichtig ist, wie auch beim normalen Essen, langsames und gründliches Kauen, Ihrem Magen fällt es dadurch leichter zu verdauen.

• Während der Kur sollten Sie viel spazieren gehen, joggen, schwimmen, Rad fahren oder sich sonst sportlich betätigen.

• Nach der „Apfel-Entschlackungs-Kur" sollten Sie auf leichte, kalorienarme Kost umsteigen und sich viel bewegen. Diese Kur können Sie wunderbar im Frühjahr, Herbst oder vor bzw. nach den gefürchteten Festtagen wiederholen.

• Zur Entspannung sollten Sie sich zwischendurch das „Apfelbad" (siehe Seite 52) gönnen.

• Der positive Effekt dieser Kur ist: Sie verlieren ungefähr 2-3 Pfund an Gewicht und fühlen sich rundum fit und gesund.

## Apfel-Drink

1 l Wasser
1 EL Apfelessig
1 TL Honig

Das Wasser mit dem Apfelessig verrühren und nach Wunsch mit Honig süßen. Der „Apfel-Drink" kann warm und kalt genossen werden.

Tipp: Auch nach der Kur können Sie diesen Drink zwischendurch zu sich nehmen, er belebt und macht munter.

# Das Gesundheits-ABC

## Abnehmen
Probieren Sie doch einfach mal mit der „Apfel-Entschlackungs-Kur" (siehe Seite 44) ihr Gewicht zu reduzieren und gleichzeitig zu entschlacken. Ein Apfel hat nur ca. 55 kcal und da das im Apfel enthaltene Pektin satt macht, ist er der ideale Partner für eine Diät.

## Blutfettwerte
Das im Apfel enthaltene Pektin (Ballaststoff) bewirkt, dass erhöhte Cholesterinwerte sinken. Auch auf erhöhte Blutfette wirkt es ideal, denn es senkt laut wissenschaftlicher Studien das negative Cholesterin (LDL) und erhöht das positive Cholesterin (HDL).

## Darmentzündung
Da in Äpfeln reichlich Gerbstoffe enthalten sind, die sich im Darm entzündungshemmend auswirken und die Bakterien abtöten, fördern Äpfel außerdem den Neuaufbau der Darmflora. Vorbeugend sollten Sie so oft wie möglich einen Apfel essen.

## Darmträgheit
Wenn Sie unter Verstopfung leiden, sollten Sie eine Apfelessig-Kur machen. Trinken Sie doch einfach vor jeder Mahlzeit 100 ml Wasser mit 1 TL Apfelessig vermischt, in kleinen Schlucken. Das bringt Ihren Darm in Schwung, da das darin enthaltene Pektin die Darmtätigkeit anregt. Die Apfelsäure verstärkt bereits im Mund die Produktion der Verdauungssäfte.

## Durchfall
Der hohe Pektingehalt im Apfel sorgt für eine natürliche Verdickung des Darminhaltes und normalisiert so die Verdauung. Bei akutem Durchfall empfiehlt es sich, täglich einen bis zwei Äpfel fein gerieben zu verzehren.

## Eisenmangel
Da der Apfel sowohl reichlich Vitamin C als auch Eisen besitzt, ist er die beste Form, um die Eisenspeicher natürlich aufzufüllen. Denn Eisen wird nur in Verbindung mit Vitamin C optimal vom Körper aufgenommen.

## Entschlacken
Wenn Sie sich nicht mehr wohl fühlen, müde sind und vielleicht auch ein paar Pfund zu viel haben, braucht Ihr Körper Unterstützung. Sie sollten möglichst bald eine 3-Tage-„Apfel-Entschlackungs-Kur" machen. Bei dieser Kur werden täglich ca. 2 Liter Flüssigkeit getrunken, vor allem Apfelsaft, Mineralwasser oder den „Apfel-Drink" (Rezept siehe Seite 44), ansonsten essen Sie nur Äpfel Ihrer Wahl (siehe „Apfel-Entschlackungs-Kur" auf Seite 44).

## Erkältungen
Heute wissen wir, dass ausreichend Vitamin C im Körper die Abwehrkräfte steigert. Da der Apfel sehr viel Vitamin C enthält, ist es logisch, wenn Sie genügend Äpfel essen, dass Sie auch weniger anfällig gegen Erkältungskrankheiten sind. Wenn trotzdem eine Erkältung im Anzug ist, sofort mit Apfelessigwasser inhalieren. Sie sollten Apfelessig und Wasser zu gleichen Teilen mischen. Der Dampf wirkt lindernd, befreit die Nase, desinfiziert die Atemwege und beschleunigt die Lösung des Schleims, Sie werden sich schnell besser fühlen.

## Fieber
Bei Fieber sollten Sie mit Apfelessigwasser 1:1 gemischt den Mineralstoffmangel ausgleichen, auch benötigt der Körper durch die Hitze dringend Flüssigkeit. Auch Wadenwickel, die mit einer Mischung aus drei Teilen kaltem Wasser und einem Teil Apfelessig getränkt werden, senken schnell das Fieber und verschaffen so Abhilfe (siehe auch Apfelessig Seite 61).

## Halsschmerzen
Probieren Sie doch mal einen Mix aus 1/4 l heißem Wasser, gemischt mit 1 EL Apfelessig, und süßen Sie den Drink mit 1 EL Honig. Dieses Getränk mehrmals täglich in kleinen Schlucken trinken.

## Herzschwäche
Zu den erst vor kurzem entdeckten Wirkungsstoffen im Apfel gehört das „Phenylalanin", das im Körper vorhandenes „Coenzym Q" aktiviert, welches vor allem das Herz benötigt.

# Das Gesundheits-Paradies

### Immunsystem stärken
Auf der einen Seite hilft der Apfel die Darmflora zu sanieren. Dies ist ein ganz wesentlicher Faktor für ein intaktes, starkes Immunsystem. Der Darm ist das größte und wichtigste Organ der Abwehr. Auf der anderen Seite stärkt das Vitamin C aus dem Apfel zusätzlich die Abwehrkräfte, um so für eine bessere Produktion von so genannten Killerzellen zu sorgen.

### Verdauung
Durch die Ballaststoffe des Apfels, die Zellulose und das Pektin, werden im Darm unerwünschte Bakterien, Gifte und Zersetzungsstoffe gebunden und aus dem Körper ausgeschieden, sie sorgen so für eine bessere Verdauung.

### Hungergefühl
Wenn Sie Hunger haben, sollten Sie einen Apfel essen, damit können Sie Ihren Magen mit wenigen Kalorien austricksen. Denn das im Apfel enthaltene Pektin quillt im Magen auf und verbreitet ein Sättigungsgefühl. Ferner ist Pektin in der Lage, Cholesterin und Fett zu binden, damit es besser ausgeschieden werden kann.

### Heißhunger - Lust auf Süßes
Wenn Sie so richtig Heißhunger auf Süßes haben, sollten Sie schnell einen Apfel essen, denn der Fruchtzuckergehalt bringt Ihren Blutzuckerspiegel sofort wieder ins Lot.

### Kalorienverbrauch
Sie können Ihren Stoffwechsel bzw. Ihren Kalorienverbrauch steigern, wenn Sie viele Äpfel essen, da die Apfelsäure (ca. 90 %) basisch auf den Körper wirkt und Schlacken sowie Stoffwechselrückstände leichter abbaut. Bei normalem Stoffwechsel im neutralen Bereich baut der Körper auch leichter das hartnäckig festsitzende Fett aus den Zellen ab, was sich bei einer Entschlackungs-Kur positiv auswirkt.

### Leistungsfähiger
Wenn Sie Ihre Energie steigern wollen, essen Sie Äpfel, denn durch den Fruchtzuckergehalt bekommen Sie einen richtigen Power-Schub. Der Apfel ist geradezu ideal für eine Zwischenmahlzeit im Büro, zu Hause oder unterwegs. Sie sollten Äpfel immer gewaschen mit der Schale essen, da die meisten Vitalstoffe unter der Schale sitzen.

### Nerven
Wenn Sie starke Nerven benötigen, sollten Sie öfter mal einen Apfel essen. Das im Apfel enthaltene Magnesium stärkt die Nerven, beruhigt und verleiht Ausgeglichenheit. Außerdem hilft es Ihnen, da es Enzyme bildet, die eingelagerten Fette aus den Zellen leichter auszuscheiden. Dies ist für eine Gewichtsreduktion besonders wichtig.

### Wasserhaushalt
Der Apfel ist auch ein wirkungsvolles Entwässerungsmittel. Durch seinen Kaliumgehalt spült er überflüssiges Wasser aus dem Körper und bringt so Ihren Wasserhaushalt wieder in Ordnung.

### Zahnpflege
Da der Apfel mit seinen sanften Fruchtsäuren eine stark reinigende Wirkung für die Zähne hat, ist er zur Zahnreinigung zwischendurch sehr zu empfehlen.

# Das Gesundheits-ABC

## Apfel & Sport - zwei ideale Partner

Zur fitnessorientierten Lebensweise gehört die richtige und ausgewogene Ernährung. Denn erst die Nahrung liefert uns die Stoffe, die zum Muskelaufbau, zu besserer Kondition und schnellerer Regeneration nach anstrengendem Training benötigt werden. Soll das Fitnesstraining also den gewünschten Erfolg haben, heißt es: auf die Nahrung und deren Inhaltsstoffe achten, denn kein Nahrungsmittel für sich liefert alle wichtigen Nährstoffe.

## Die ideale Sportler-Ernährung

Eine kohlenhydratreiche Ernährung mit wenig Fett verbessert grundsätzlich in allen Sportarten die Muskelausdauer und die Regenerationsfähigkeit. Um eine sehr kohlenhydratbetonte Kost einhalten zu können, müssen Sie an anderer Stelle Kalorien einsparen, um nicht übergewichtig zu werden. Das sollte sinnvollerweise beim Fett geschehen, denn Fett enthält pro Gramm mehr als doppelt so viele Kalorien im Vergleich zu Kohlenhydraten und Eiweiß.

## 100 g Apfel enthalten

Der Apfel enthält pro 100 g ca. 13 g Kohlenhydrate in Form von Trauben- und Fruchtzucker, gleichzeitig aber nur ca. 0,4 g Fett. Aufgrund dieser Nährstoffrelation lässt sich der Apfel sehr sinnvoll in die Sporternährung einsetzen.
Dazu kommt noch der relativ hohe Kalium-Gehalt und der besonders hohe Anteil von Vitamin C, zwei Nährstoffe, die für jeden Sportler von besonderer Bedeutung sind. Kalium wird für die Muskel- und Nervenfunktion benötigt und Vitamin C ist an der Erhaltung von Knochen und Bindegewebe beteiligt.

## Der Apfel und das Vitamin C

Der Apfel hat einen hohen Vitamin-C-Gehalt. Diese Angabe bezieht sich auf die Menge Vitamin C pro Energieeinheit. So liefern z. B. 100 kcal Apfel ca. 25 mg Vitamin C, was bereits ein Drittel des täglichen Vitamin-C-Bedarfes eines erwachsenen Menschen ausmacht. Sportler benötigen allerdings mehr Vitamine als Nichtsportler, da ihre Stoffwechselrate höher ist.

## Apfelsaft - ein idealer Durstlöscher

Zusätzlich verlieren Sportler mit dem Schweiß sogar Vitamin C, sodass bei hohem Schweißverlust besonders sorgfältig auf eine ausreichende Vitamin-C-Zufuhr geachtet werden muss. Hier bietet sich selbstverständlich auch das Trinken von Apfelsaft an. Eine Apfelschorle im Verhältnis 3 Teile Mineralwasser zu 1 Teil Apfelsaft ist ein optimales Sportlergetränk und sorgt für schnellen Ersatz. Nach dem Sport sollten Sie den Apfelsaft weniger stark verdünnt oder sogar pur trinken, um auf diese Weise den höheren Zucker- und Vitamingehalt nutzen zu können.

# Apfel und Schönheit

# Apfel und Schönheit

## Schönheit durch Vitamine

Der Körper braucht Vitamine, sie gehören zu den lebenswichtigen Wirkstoffen, die im Apfel enthalten sind. Eine längere Unterversorgung führt zu Störungen des Stoffwechsels und der Organe.

**Bei Vitaminmangel:**
Vitamin: A, $B_1$, $B_5$, $B_6$, C, D, E und Folsäure

**Störungen:**
Haare: Ausfall, Schuppen, vorzeitiges Ergrauen, trocken, glanzlos, spröde und brüchig; Haut: Blässe, Verhornung, Unreinheiten; Nägel: brüchig.

**Schönheitserfolg:**
Die Haare sind gesund, kräftig und glänzend. Die Haut ist schön und zart. Die Nägel sind kräftig, schön und fest. Durch die Zellerneuerung regeneriert das Bindegewebe.

**Enthalten in:**
Äpfeln, Aprikosen, Avocados, Eiern, Fisch, Fleisch, Grüngemüse, Hagebutten, Hefe, Kresse, Leber, Meeresfrüchten, Milchprodukten, Möhren, Nüssen, Orangen, Paprikaschoten, pflanzlichen Ölen, Sojaprodukten, Spinat, Tomaten und Vollkornprodukten.

**Bei speziellem Vitaminmangel von:**
Vitamin A: wird das Haar trocken und brüchig
Vitamin $B_1$: kommt es zu Haarausfall
Vitamin $B_5$: kommt es zu Haarausfall und vorzeitigem Ergrauen
Vitamin $B_6$: kommt es zu Haarausfall
Folsäure: ergraut das Haar vorzeitig
Vitamin C: kommt es zu Haarausfall

## Mineralstoffe für die Schönheit

Bei Mangel an Mineralstoffen im Körper treten die gleichen Probleme wie bei Vitaminmangel auf. Mineralstoffe sind verantwortlich für feste Knochen, starke Muskeln, gesunde Zähne, festes Bindegewebe sowie für starke Nerven, gesunde Haare und feste Nägel.

**Bei Mineralstoffmangel:**
Kalzium, Magnesium, Eisen und Silizium

**Störungen:**
Bindegewebsschwäche, Durchblutungsstörungen, Haarausfall und Wadenkrämpfe; die Haut altert schneller, ist blass und neigt zu Ekzemen; brüchige Fingernägel; Müdigkeit, Nervosität und Erschöpfungszustände; Zahnfleischschwund und Anfälligkeit für Karies.

**Schönheits- und Gesundheitserfolg:**
Die Haare sind gesund und kräftig. Die Haut ist schön und zart. Die Nägel sind kräftig, schön und fest. Die Knochen sind stabil. Die Muskulatur ist kräftig und Sie besitzen ein starkes Nervenkostüm. Das Bindegewebe wird fest und es besteht ein guter Sauerstofftransport im Körper. Die Mineralien helfen bei Sonnenallergien.

**Enthalten in:**
Äpfeln, Aprikosen, Bananen, Bierhefen, Erdbeeren, Fleisch, Getreideprodukten, grünen Bohnen, Hagebutten, Hülsenfrüchten, Johannisbeeren, Kopfsalat, Kresse, Leber, Meeresfrüchten, Milchprodukten, Nüssen, Petersilie, Sojaprodukten und Vollkornprodukten.

## Vitamine für das Immunsystem

Im Apfel sind sehr viele Vitamine, Mineralstoffe und Spurenelemente enthalten, die unserem Körper zu Vitalität, Gesundheit und zur Stärkung des Immunsystems verhelfen. Gerade in den trüben, dunklen Wintermonaten mangelt es uns an genügend Vitaminen, um z. B. Erkältungskrankheiten abzuwehren, aber auch im Frühjahr ist eine ausgewogene, vitaminreiche Ernährung zu empfehlen. Zu den Schutzvitaminen zählen: A, C, E und Eisen.

# Schönheit von innen

## Apfelrezepte für die Schönheit

### Für Haut und Haare

Wie Sie wissen, kommt Schönheit von innen, und unser guter altbewährter Apfel trägt dazu bei, dass Sie dies verwirklichen können. Der Apfel hilft uns z. B. auf erstaunlich einfache Weise, mit seinen Vitalstoffen eine schöne, reine und straffe Haut, kräftige, glänzende Haare, stabile Fingernägel und vieles mehr zu bekommen. Der Apfel und der Apfelessig sind zwei wichtige Partner für unsere Schönheit, die beide innerlich und äußerlich einsetzbar sind.
Auf den folgenden Seiten zeigen wir Ihnen eine Auswahl an einfachen Rezepturen, Tipps und Tricks. Sie werden erstaunt sein, was Sie aus dem Apfel alles zaubern können.

### Apfel-Honig-Maske

1 Apfel
1 EL Honig

Den Apfel schälen und fein reiben.
Den Honig unter das Apfelmus rühren. Die Maske auf das Gesicht auftragen und 20 Minuten einwirken lassen.
Anschließend das Gesicht erst mit warmem und dann mit kaltem Wasser abwaschen.

### Apfel-Avocado-Maske

1/2 Apfel
1/2 reife Avocado
1 Eigelb

Den Apfel schälen, entkernen und fein reiben. Den Kern aus der Avocado entfernen. Mit einem Löffel das Fruchtfleisch herausnehmen und mit einer Gabel zerdrücken. Das Apfelmus mit dem Avocadofleisch und dem Eigelb zu einer cremigen Masse verrühren. Die Maske auf das Gesicht auftragen und ca. 20 Minuten einwirken lassen. Anschließend das Gesicht erst mit warmem und dann mit kaltem Wasser abwaschen.

### Apfelschalen-Maske

1-2 Äpfel

Die Äpfel schälen und die Schalen auf das Gesicht auflegen. Die Maske 20-25 Minuten einwirken lassen.
Anschließend das Gesicht erst mit warmem und dann mit kaltem Wasser abwaschen.

### Apfel-Honig-Lotion

1/8 l destilliertes Wasser
1 EL flüssiger Honig
1 EL Apfelessig

Das Wasser mit dem Honig leicht erhitzen und den Honig unter Rühren darin auflösen. Abkühlen lassen und den Apfelessig zufügen. Alles in eine Flasche füllen, verschließen und gut durchschütteln.

### Apfel-Buttermilch-Reinigung

100 ml Buttermilch
1 EL Apfelessig
1 EL flüssiger Honig

Alle Zutaten in eine Flasche füllen und kräftig durchschütteln. Die Flüssigkeit auf ein Wattepad geben und auf das Gesicht auftragen, einwirken lassen und mit warmem Wasser abwaschen.

### Apfel-Ei-Maske

1 Eigelb
1 EL Olivenöl
1 TL Apfelessig

Das Eigelb mit Olivenöl und dem Apfelessig gut verrühren.
Die Maske auf das gereinigte Gesicht auftragen und etwa 10-15 Minuten einwirken lassen.
Die Maske warm abspülen und das Gesicht anschließend mit der selbst hergestellten Apfelcreme (siehe Seite 52) gut einreiben.

# Apfel und Schönheit

### Apfelcreme

Frisch gepresster Apfelsaft
normale Tagescreme

Den Apfelsaft mit der Tagescreme gut verrühren. Die Pflegesubstanzen, die gut für die Haut sind, werden so durch die Wirkstoffe des Apfels ergänzt und können mit dieser Apfelcreme besonders gut von der Haut aufgenommen werden.

### Apfel-Gesichtswasser

2 EL Apfelessig
3 EL Hamameliswasser
2 EL getr. Lindenblüten
2 EL getr. Malvenblüten
1 EL getr. Lavendelblüten

Die Zutaten in eine luftdicht verschließbare Flasche füllen. Kurz durchschütteln und einige Tage an einem dunklen Ort ziehen lassen. Dann durch ein Tuch filtern, in eine lichtundurchlässige Flasche füllen und aufbewahren. Vor Gebrauch kurz aufschütteln. Einige Tropfen auf ein Wattepad geben und mit leicht kreisenden Bewegungen Gesicht, Hals und Dekolletee einreiben. Geeignet für normale und trockene Haut.

### Apfel-Haarpackung

1/4 l Wasser
2-3 EL Apfelessig

Nach dem Waschen der Haare mit Shampoo mischen Sie das Wasser mit 2-3 EL Apfelessig und verteilen diese Packung gleichmäßig in den Haaren. Die Haare mit einem Frotteetuch einwickeln und einige Minuten einwirken lassen. Durch diese Packung werden Shampoorückstände entfernt sowie Schuppen und Juckreiz verhindert.
Anschließend das Haar mit Wasser gut ausspülen, frottieren und fönen.

### Apfel-Haarspülung

2 l Wasser
1 Schuss Apfelessig

Das warme Wasser mit einem kräftigen Schuss Apfelessig vermischen. Nach dem Waschen und Spülen der Haare mit der Apfel-Haarspülung nochmals auswaschen. Danach frottieren, fönen oder an der Luft trocknen lassen.

### Das Apfelbad

1 Tasse Apfelsaft
1/4 Tasse Honig
1/2 Tasse flüssige Seife
1 Msp. Zimt

Den Apfelsaft mit dem Honig mischen. Dann die flüssige Seife und den Zimt unterrühren, bis eine glatte, cremige Masse entsteht.
Diese Menge ist ausreichend für einige Vollbäder. Die Flasche am besten im Kühlschrank aufbewahren, dort hält sie sich ca. 1 Woche.
Das Apfelbad direkt in das laufende Wasser gießen. Badezeit ca. 10-15 Minuten.

Tipp: Ein wirkungsvolles Apfelbad ist auch: In nicht zu heißes Badewasser einfach ca. 1/8 l Apfelessig dazugießen und unterrühren, Badedauer siehe Seite 53. Dies ist ein entspannendes Bad, welches auch der Haut gut bekommt. Nach dem Bad gut eincremen.

### Bäder sind gut für Körper und Seele

Während ein schönes Vollbad früher ein echter Luxus war, wird es heute zu häufig genossen! Wir baden und duschen zu oft und schaden damit unserer Haut. Sie trocknet aus, wird gereizt und juckt, weil der natürliche Säuremantel immer wieder abgewaschen und damit der Hautschutz geschwächt wird.
Doch trotz aller Ratschläge und Warnungen müssen wir zugeben:

# Schönheit von innen

Baden ist einfach wunderbar! Wir brauchen nicht darauf zu verzichten, sondern wir sollten unserem Bad wieder einen Hauch von Luxus geben, es so angenehm und hautfreundlich wie möglich machen und dabei das Gefühl haben, Körper und Seele zu verwöhnen. Gerade die Naturkosmetik bietet einen großen Schatz an Baderezepturen für die verschiedenen Hauttypen und natürlich auch für unsere großen und kleinen Wehwehchen!
Und um den Schutz der Haut brauchen wir uns keine Sorgen zu machen, wenn wir uns hin und wieder ein hautpflegendes Apfel-, Kräuter-, Buttermilch-, ein Öl- oder ein Cremebad mit natürlichen Zutaten gönnen.
Baden macht schön und ist gesund - vorausgesetzt, Sie baden richtig.

## Rund ums Badevergnügen

### Die Badetemperatur

• Die ideale Badetemperatur beträgt 37° C, das entspricht unserer Körpertemperatur.
• Warme Bäder haben 36-38° C und dienen der Erwärmung des Körpers. Sie wirken gefäßerweiternd, blutdrucksenkend und entspannend. Sie machen müde und sind deshalb ideal am Abend vor dem Schlafengehen. Die entspannende Wirkung eines warmen Bades kann durch bestimmte Kräuterzusätze verstärkt werden.
• Heiße Bäder, 38-41° C, werden meist vom Arzt als Schwitzkur verordnet. Sie beschleunigen den Puls und belasten den Kreislauf, deshalb sollten Sie nur 5-10 Minuten im Wasser bleiben. Anschließend gut abtrocknen und sofort ins warme Bett.
• Kühle Bäder sind ideale Muntermacher am Morgen. Unter „kühl" verstehen wir Temperaturen zwischen 32 und 35° C. Sie sind eine Alternative zur morgendlichen Dusche, sollten aber auch nur 5-7 Minuten dauern.
• Kalte Bäder sind reine Kneipp-Bäder und bedürfen einer Rücksprache mit dem Arzt. Der Körper muss vorher völlig durchgewärmt sein, dann wird der ganze Körper kalt, 10-18° C, abgesprengt und schließlich tauchen Sie ganz ins Wasser. Das Bad sollte 6-20 Sekunden dauern. Die Umgebung muss angenehm warm sein. Ein solches Kneippbad ist regelmäßig angewendet ideal, um den Körper abzuhärten. Nur am frühen Morgen anwenden, direkt aus dem warmen Bett heraus.

### Die Badedauer

• Generell sollten Sie nicht länger als 20 Minuten im Wasser bleiben, denn es laugt die Haut aus und entfettet sie. Je weiter die Badetemperatur von 37° C abweicht, nach oben oder unten, desto kürzer sollte die Badezeit sein. Ausgedehnte heiße Bäder schaden der Haut und meist auch dem Kreislauf (Schwindelgefühl!), zu lange kühle Bäder können zu Erkältung führen.
• Empfehlenswert ist, höchstens einmal in der Woche zu baden. Am angenehmsten ist sicherlich ein Entspannungsbad, 36-38° C, am Abend, ansonsten genügt kurzes Duschen.

## Tipps & Tricks für Haut, Haare und Körperpflege

• Waschungen mit Apfelessig wirken sehr erfrischend und belebend, sie helfen gegen Körpergeruch und reduzieren die Schweißbildung. Der Apfelessig im Wasser neutralisiert den ph-Wert der Haut und fördert die Durchblutung. Die Haut wird rosig und zart.
• Bei Sonnenbrand oder bei leichten Verbrennungen die Stelle mit verdünntem Apfelessig betupfen oder besprühen. Er lindert den Schmerz und hält die verbrannte Haut keimfrei. Bei starken Verbrennungen muss **unbedingt** der Arzt konsultiert werden!
• Auf Fingernägeln, die vor dem Lackieren mit Apfelessig abgerieben wurden, haftet der Lack länger, das Nagelbett wird besser durchblutet und die Nägel sehen gepflegter aus.
• Das Haar wird glänzend und geschmeidig, wenn Sie es nach der gründlichen Reinigung mit einer Apfelessig-Spülung (siehe Seite 52) behandeln.

# Die Renaissance des Apfelessigs

## Der Vielseitige unter den Essigen

Der Apfelessig ist ein uraltes, seit Jahrtausenden bekanntes Küchen-, Heil- und Hausmittel. Schon früh erkannten wir die vielfältigen Anwendungsmöglichkeiten, bei denen der Apfelessig eingesetzt werden konnte. Der Apfelessig dient als raffinierte Speisewürze in der Küche – als vitaminreiches, erfrischendes Getränk zubereitet – als Heilmittel in der Naturapotheke und für die Schönheit angewendet – ferner zur Konservierung von Früchten und Gemüse. Der Apfelessig ist ein „Allroundmittel" in der Küche, im Haushalt, für die Gesundheit, zur Vorsorge und für die Schönheit.
Der Apfelessig hat einen leicht fruchtigen Geschmack und eignet sich besonders gut zum Abschmecken für alle süß-sauren Gerichte, Salate, Marinaden, Beizen, zum Einmachen von Früchten, Gemüse und für Chutneys.

## Apfelessig-Herstellung

Für die Apfelessig-Herstellung sollten nur gute, aromatische, vollreife Äpfel, nach Möglichkeit Bioäpfel, verwendet werden. Die Äpfel werden gewaschen und mit der Schale gepresst. Der so gewonnene Apfelsaft wird unter Beisetzung von Hefe zu Apfelwein vergoren. Erst durch Beigabe von Essigsäurebakterien wird aus dem Apfelwein Essig. Durch die Aufnahme von Sauerstoff oxidiert der Alkohol und wird zur Essigsäure.

## Eigenschaften des Apfelessigs

- Apfelessig erfrischt, belebt den Stoffwechsel, regt die Darmtätigkeit an, desinfiziert, fördert die Durchblutung, verbessert die Mineralstoffversorgung, senkt erhöhte Blutfettwerte und stärkt die körpereigene Immunabwehr.

- Apfelessig ist ideal als Basis, um Würzessige schnell und unkompliziert selbst herzustellen.

- Die Vielfalt und Wirkungsweise von Essig nutzen wir auch heute noch, doch wir haben den Vorteil, dass die Herstellung sehr viel einfacher geworden ist.

- Das Saure am Essig ist die Essigsäure, welche bei jedem Essig gleich ist. Den typischen Geschmack und die Farbe erhält Essig erst durch die Zutaten, mit denen jeweils aromatisiert wird.

- Der Apfelessig liegt voll im Trend der Zeit. Er ist ein ganz besonderer Essig, da er außer Zucker fast alle löslichen Inhaltsstoffe vollreifer Äpfel enthält.

# Die Renaissance des Apfelessigs

## Haushaltsessig selbst gemacht

Die Grundlage für selbst gemachten Essig ist die reine Surig-Essig-Essenz mit 25 % Säuregehalt. Sie ist neutral und sauer im Geschmack. Durch die Zugabe von Wasser, Saft, Wein, Sherry oder Sekt erhalten Sie Ihren ganz persönlichen Hausessig in jeder beliebigen Menge. Das Grundrezept ist denkbar einfach:

### Grundrezept

**Zutaten:**
1 Teil Essig-Essenz
4 Teile Wasser

**Zubereitung:**
Die Essig-Essenz mit dem Wasser vermischen und fertig ist der normale 5%ige Haushaltsessig. Edel wird er erst durch die zugesetzten Aromen, die Sie nach Wunsch zugeben. Übrigens spielt es keine Rolle, wie groß „1 Teil" ist - 1 Teelöffel, 1 Esslöffel oder 100 ml. Geben Sie immer die vierfache Menge Wasser dazu.

## Selbst gemachter Apfelessig

**Zutaten:**
100 ml Essig-Essenz
100 ml Wasser
300 ml klarer oder naturtrüber Apfelsaft
(frisch gepresst oder als Fertigprodukt aus dem Reformhaus)

**Zubereitung:**
Den Apfelsaft mit Wasser und Essig-Essenz mischen und in eine verschließbare Flasche füllen. Haltbarkeit ca. 3-4 Monate.

## Apfelessig „Provence"

**Zutaten:**
100 ml Essig-Essenz
100 ml Wasser
300 ml Apfelsaft oder Cidre
1 Bund frische Kräuter der Provence
(z. B. Thymian, Rosmarin, Oregano, Basilikum)

**Zubereitung:**
Die gewaschenen Kräuter mit der Essig-Essenz in eine Flasche oder Karaffe füllen, mit Wasser, Apfelsaft oder Cidre auffüllen.
Flasche verschließen und den Essig zwei Wochen ziehen lassen.
Haltbarkeit ca. 3-4 Monate.

**Variante: Kräuter-Essig**
Zutaten und Zubereitung wie Apfelessig „Provence", die Provence-Kräuter durch Basilikum, Estragon, Salbei, Lorbeerblatt und Rosmarin ersetzen.

## Portweinessig mit Rosinen

**Zutaten:**
100 ml Essig-Essenz
100 ml Wasser
200 ml klarer Apfelsaft
100 ml süßer Portwein
50 g Rosinen

**Zubereitung:**
Die Rosinen waschen, gut abtropfen lassen und in eine gut verschließbare Flasche füllen.
Die Essig-Essenz, Wasser, Apfelsaft und Portwein über die Rosinen geben, gut mischen und etwa zwei Wochen durchziehen lassen.
Haltbarkeit ca. 3-4 Monate.

**Tipp:**
Die Rosinen und edler Portwein geben dem Essig ein raffiniertes Aroma, welches sehr an den berühmten „Aceto Balsamico" aus Modena erinnert. Portweinessig ist besonders gut für feine Salate und Vorspeisen geeignet.

**Variante: Sherry-Essig**
Zutaten und Zubereitung wie Portweinessig, den Portwein durch Cream Sherry ersetzen.

## Minze-Essig

**Zutaten:**
100 ml Essig-Essenz
100 ml Wasser
300 ml klarer Apfelsaft
1 Bund oder 1 Töpfchen frische Minze

**Zubereitung:**
Die gewaschene Minze in eine gut verschließbare Flasche geben, die Essig-Essenz, Wasser und den Apfelsaft darüber gießen.
Den Essig zwei bis drei Wochen ziehen lassen.
Haltbarkeit ca. 3-4 Monate.

**Tipp:**
Dieser Essig eignet sich besonders gut für Lamm- oder Wild-Marinaden und als Dressing für Blattsalate.

**Variante: Estragon-Essig**
Zutaten und Zubereitung wie Minze-Essig, die Minze durch einige Zweige Estragon ersetzen.

**Variante: Chiliessig**
Zutaten und Zubereitung wie Minze-Essig, die Minze durch einige frische oder getrocknete rote Chilischoten ersetzen.

# Die Renaissance des Apfelessigs

## Holunderessig

**Zutaten:**
100 ml Essig-Essenz
100 ml Wasser
300 ml klarer Apfelsaft
250 g Holunderbeeren
1 EL Honig
1 Gewürznelke

**Zubereitung:**
Die gewaschenen Holunderbeeren von den Stielen zupfen, mit Honig, Wasser, Apfelsaft, Essig-Essenz und der Gewürznelke einmal kurz aufkochen lassen.
In ein verschließbares Gefäß füllen, zwei Wochen durchziehen lassen. Den Essig durch ein sauberes Leinentuch filtern und in Flaschen füllen.
Haltbarkeit ca. 3-4 Monate.

## Himbeeressig

**Zutaten:**
250 g frische Himbeeren
300 ml klarer Apfelsaft
100 ml Essig-Essenz
100 ml Weißwein

**Zubereitung:**
Die Himbeeren verlesen, waschen und mit Apfelsaft und Essig-Essenz einmal kurz aufkochen und abkühlen lassen.
In ein verschlossenes Gefäß füllen, mit dem Weißwein aufgießen und zwei Wochen durchziehen lassen. Den Essig durch ein sauberes Leinentuch filtern, nochmals aufkochen und in hübsche verschließbare Flaschen einfüllen.
Haltbarkeit ca. 3-4 Monate.

**Tipp:**
Statt Apfelsaft und Essig-Essenz 400 ml Apfelessig verwenden.

## Apfeldressing

**Zutaten:**
5 EL Apfelessig
4 EL trockener Sherry oder Gemüsebrühe
1 EL Honig
2 TL geschrotete Pfefferkörner
Salz
6 EL Walnussöl

**Zubereitung:**
Den Apfelessig mit den Würzzutaten verrühren, bis sich Salz und Honig aufgelöst haben, dann das Öl darunter schlagen.
Das Dressing über die Salatblätter geben, vorsichtig mischen und auf einem Teller anrichten.
Das Apfeldressing eignet sich besonders für Blattsalate.

## Apfelvinaigrette

**Zutaten:**
2 EL Apfelessig
2 EL Apfelsaft oder Wasser
1 EL Ahornsirup
Salz
schwarzer Pfeffer
3 EL Walnussöl

**Zubereitung:**
Den Apfelessig mit Apfelsaft, Ahornsirup, Salz und frisch gemahlenem Pfeffer verrühren, bis sich das Salz gelöst hat, dann das Öl darunter schlagen.
Nach Geschmack noch gehackte Kresse und Walnusskerne über die Salatzutaten geben.
Die Apfelvinaigrette eignet sich besonders für gemischte Salate.

## Konservieren und Einlegen mit Apfelessig

Konservieren und Einlegen ist das Marinieren von Lebensmitteln in einer säurehaltigen Flüssigkeit, hier zum Beispiel Apfelessig. Die schon von Alters her überlieferte Art des Einlegens und Konservierens von Gemüse und Früchten in Essig ist heute wieder weit verbreitet und sehr beliebt.
Die Säure des Essigs verhindert die Schimmelbildung und unterdrückt die Entwicklung der Fäulnisbakterien. Der Zucker verstärkt diese Wirkung noch. Voraussetzung für die Haltbarkeit des Sudes ist ein Säuregehalt von 2 %. Handelsübliche Essigsorten haben einen Säuregehalt von 6 %. Kaufen Sie nie billigen Apfelessig, es lohnt sich, Qualität zu kaufen.
Wichtig zum Gelingen des Einlegens ist es, dass Sie beachten, dass das Lebensmittel immer vollkommen mit Sud bedeckt sein muss.
Es macht Spaß, nach eigenen Wünschen kreativ Früchte und Gemüse zu kombinieren.
Hier einige Anregungen für Gemüse:
Mixed Pickles, Gurken, Kürbis, Fenchel, Zucchini, Steinpilze, Paprikaschoten, Spargel, Perlzwiebeln, Brokkoli, Blumenkohl, Maiskolben, rote Bete, Bohnen, Champignons, Knoblauch, rote und grüne Tomaten usw.
Für Früchte:
Äpfel, Birnen, Aprikosen, Feigen, Pflaumen, Quitten, Weintrauben und Exoten.
Besonders gut sind Kombinationen wie z. B: Knoblauch mit Kirschtomaten - bunte Paprikaschoten mit Frühlingszwiebeln - Champignons mit schwarzen Oliven - blaue Trauben mit Äpfeln - Pflaumen mit Gewürzen - Birnen mit Vanillestange und vieles mehr.
Durch die Zugabe von aromatischen Gewürzen und Kräutern lassen sich süße und saure Spezialitäten mit besonderer Raffinesse herstellen, die Sie im Handel oft nicht kaufen können.

### Grundrezept

### Süßsauer Einlegen

**Zutaten:**
2 kg Gemüse oder Obst
1/2 l Apfelessig (siehe Rezept Seite 56)
1 l Wasser
1 kg weißer oder brauner Zucker
Gewürze (z. B. Vanille-, Zimtstange, Nelken, Piment, Pfefferkörner, Muskatblüte, Ingwer)

**Zubereitung:**
Obst oder Gemüse nach Bedarf putzen, waschen, trockentupfen und je nach Sorte in kleine Stücke schneiden. Die Obst- und Gemüsezutaten in beliebige Gläser, Steintöpfe, Krüge oder Schüsseln einlegen.
Aus Apfelessig, Wasser, Zucker und den jeweiligen Gewürzen in einem Topf einen Sud kochen, aufkochen lassen und heiß über die vorbereiteten Obst- oder Gemüsestücke gießen, die Zutaten müssen bedeckt sein.
Schmeckt wunderbar als Beilage zu kaltem Braten, Wild, Fisch, Geflügel, Pasteten und Fondues.
Eingelegtes sollte kühl und dunkel stehen. Haltbarkeit 3-4 Monate, nach dem Öffnen kalt stellen und bald verbrauchen.

**Tipp:**
Als Regel gilt: Je saurer der Sud, umso länger hält das Eingelegte. Harte Gemüsesorten wie z. B. Blumenkohl, Brokkoli und Spargel sollten Sie vorher kurz blanchieren, andere können Sie auch roh einlegen.

# Die Renaissance des Apfelessigs

## Tipps und Tricks mit Apfelessig

### Kochen:

• Beim Pochieren von Eiern oder Fisch in einer milden Apfelessiglösung lässt die feine Säure austretendes Eiweiß sofort gerinnen. So bleiben wertvolle Inhaltsstoffe erhalten und die Speisen behalten ihren vollen Eigengeschmack. Auch beim Kochen von Eiern verhindert ein Schuss Apfelessig das Auslaufen, falls die Eier platzen sollten.

• Beim Kochen von Gemüse und Früchten sollte man immer einen Schuss Apfelessig ins Kochwasser geben, dadurch bleibt die Farbe frisch und appetitlich.

• Wollen Sie aus Suppenfleisch, Knochen und Gemüse eine appetitliche, klare Brühe kochen, geben Sie einige Tropfen bis maximal einen Teelöffel Apfelessig in das kalte Wasser. Die Brühe bleibt klar, auf der Oberfläche bildet sich kein Schaum. Außerdem kochen die Knochen besser aus, denn das darin festgebundene Kalzium löst sich leichter.

• Eintöpfe vor allem aus Hülsenfrüchten werden bekömmlicher und schmecken wunderbar, wenn sie mit etwas Apfelessig abgeschmeckt werden.

• Hollandaise oder Saucen auf Mehlbasis sowie Majonäsen und Remouladen schmecken erst so richtig rund durch einige Tropfen Apfelessig.

• Fleisch, vor allem Wild, kurz in Essigbeize marinieren, dadurch wird es besonders zart und ist leichter zu verdauen.

• Versalzene Gerichte können Sie noch retten, indem Sie 1 EL Zucker mit 1 EL Apfelessig mischen und dies tropfenweise dem Gericht zugeben, bis sich der Salzgeschmack neutralisiert hat.

• Bei der Zubereitung von Fisch ist Apfelessig unerlässlich: Das gesäuberte, mit Küchenkrepp getrocknete Filet wird von allen Seiten mit Apfelessig beträufelt. Durch die Säure festigt sich das zarte Bindegewebe des Fisches, es fällt beim Garen nicht so schnell auseinander und das Fischfleisch bleibt saftig. Vor dem weiteren Verarbeiten die Flüssigkeit gut abtupfen, damit der Fisch nicht zu säuerlich schmeckt.

• Auch bei der Zubereitung von Forelle oder Karpfen „blau" ist Apfelessig geschmacklich sehr zu empfehlen, er ist besser als neutraler Essig geeignet. Der Fisch wird mit heißem oder kaltem Apfelessig begossen und dann kalt gestellt, damit er schön „blau" wird. Zugluft bekommt ihm übrigens besonders gut, sie begünstigt die intensive blaue Färbung des Fisches!

• Wollen Sie frischen Fisch bis zum nächsten Tag aufbewahren, wickeln Sie ihn in ein mit Apfelessig getränktes Küchentuch und legen ihn so in den Kühlschrank. Keinesfalls in einem fest verschlossenen Gefäß lagern, er beginnt sonst zu „riechen".

• Auch Gemüse, wie z. B. Spargel, Fleisch und sogar Käse halten sich beim Lagern länger frisch, wenn sie in mit verdünntem Apfelessigwasser getränkten Tüchern eingewickelt werden. Dies beugt auch Schimmelbildung, Austrocknen und Verfärben vor.

• Obst, wie z. B. Äpfel, Bananen und Birnen, verfärben sich an den Schnittstellen nicht braun, wenn sie mit etwas verdünntem Apfelessig beträufelt werden.

### Haushalt:

• Den Kühlschrank mit verdünntem Apfelessigwasser auswaschen, um Gerüche zu neutralisieren.

• Einen Schuss unverdünnten Apfelessig in den Ausguss von Spüle, Waschbecken usw. gießen, das stoppt unangenehme Gerüche.

• Um streifenfreie Fenster-, Spiegel- und Glasscheiben zu erhalten, einfach einen Schuss Apfelessig ins Reinigungswasser geben.

• Brotbehälter mit Essigwasser ausreiben, dies verhindert außer muffigem Geruch auch die Schimmelpilzbildung.

• Verschmierte Brillengläser werden wieder blitzsauber, wenn sie mit einem Tropfen Apfelessig blank geputzt werden.

• Zum Putzen im Haushalt, vor allem in Küche und Bad, Apfelessig ins Putzwasser gießen, damit haben Sie eine umweltfreundliche Desinfizierung.

• Kleidungsstücke behalten ihre schönen Farben, wenn Sie beim letzten Spülgang 2 EL Apfelessig zufügen.
• Glanzstellen an der Bekleidung verschwinden, wenn die Stellen leicht mit Apfelessig abgerieben werden. An einer nicht sichtbaren Stelle aber die Farbechtheit des Gewebes prüfen.
• Für die Kalkbekämpfung im Haushalt lässt sich Apfelessig wunderbar einsetzen: für Blumenvasen, Dampfbügeleisen, Duschköpfe und Wasserhähne in Bad und Küche, Kacheln, Oberflächen usw.

## Apfelessig in der Hausapotheke

In der Naturheilkunde ist Apfelessig von jeher als vielseitiger Helfer bekannt. Er wird sowohl für die innere als auch für die äußerliche Behandlung eingesetzt.
• Für die innere Anwendung trinken Sie täglich mindestens einmal einen Apfelessig-Drink (siehe Seite 44).
• Der regelmäßige Drink, am besten morgens auf nüchternen Magen, erfrischt, fördert die Durchblutung der Haut und regt den Stoffwechsel an. Er verbessert die Mineralstoffversorgung, senkt die Blutfettwerte und stärkt die Immunabwehr. Die Trinkkur muss über einen längeren Zeitraum durchgeführt werden. Sie ist eine ideale Ergänzung für jede Frühjahrskur. Im Idealfall können Sie diesen Drink in Ihren täglichen Speiseplan einplanen.
• Bei Verstauchungen oder Zerrungen lindern Umschläge mit Apfelessig die Schmerzen und lassen die Schwellungen schneller abklingen.
• Bei Zahnfleischerkrankungen oder Zahnfleischbluten helfen regelmäßige Spülungen mit Apfelessig. Geben Sie auf 100 ml lauwarmes Wasser 3-4 Esslöffel Apfelessig. Mit dieser Lösung spülen Sie nach dem Zähneputzen den Mund mehrmals gründlich aus. Das Apfelessigwasser wirkt keimtötend. Die Spülungen nach Möglichkeit mehrmals täglich wiederholen, unbedingt aber nach jeder Mahlzeit.
• Spülungen mit Apfelessig beugen auch der Bildung von Mundgeruch vor.
• Äußerlich verwenden Sie Apfelessig verdünnt für Bäder oder Waschungen, für Wickel und Umschläge, zur Desinfektion bei Pilzerkrankungen und bei Hautausschlägen.
• Kühle Wadenwickel mit Apfelessigwasser, ca. 20° C, sind ein bewährtes Mittel gegen länger anhaltendes hohes Fieber. Drei Teile Wasser werden mit einem Teil Apfelessig gemischt. Zwei Tücher in dem Essigwasser tränken, auswringen und je ein Tuch um die Waden des Patienten wickeln, ein trockenes Handtuch darüber legen und den Kranken warm zudecken. Die Tücher alle 10-15 Minuten wechseln. Die Behandlung sechsbis achtmal wiederholen. Die Wadenwickel fördern die Durchblutung der Beine und entziehen dem Körper viel Wärme.

## Apfelsorten in der Küche

| | |
|---|---|
| Berlepsch: | roh/Salate - Backen - Kochen - Braten |
| Boskoop: | roh/Salate - Backen - Kochen - Dünsten - Braten |
| Cox Orange: | roh/Salate - Backen - Kochen - Dünsten |
| Elstar: | roh/Salate - Backen - Kochen |
| Glockenapfel: | roh/Salate - Backen - Kochen - Braten |
| Gloster: | roh/Salate - Backen - Kochen |
| Golden Delicious: | roh/Salate - Backen - Kochen - Dünsten |
| Goldparmäne: | roh/Salate - Backen - Kochen - Dünsten - Braten |
| Gravensteiner: | roh/Salate - Backen - Kochen - Dünsten |
| Idared: | roh/Salate - Backen - Dünsten - Braten |
| Ingrid Marie: | roh/Salate - Backen - Kochen - Braten |
| James Grieve: | roh/Salate - Backen - Kochen - Dünsten |
| Jonagold: | roh/Salate - Kochen - Dünsten - Braten |
| Jonathan: | roh/Salate - Backen - Kochen - Dünsten - Braten |
| Morgenduft: | roh/Salate - Backen - Kochen - Dünsten - Braten |

(Quelle: CMA-Faltblatt „Deutsche Äpfel")

# Die Apfelküche

An den leckeren Apfel-Rezepten können Sie sehen, wie vielseitig und preiswert Sie diese alte Frucht in der Küche verarbeiten und was Sie alles daraus zaubern können. Mit Äpfeln Backen und Kochen, von süß bis herzhaft, für jeden ist etwas dabei. Vom Apfelstrudel über Bratäpfel und leckere Fisch- und Fleischgerichte bis hin zu Chutneys. Lassen Sie sich doch einfach ins Apfelparadies entführen.

# Frühstück

## Buntes Apfelmüsli
(für 1 Person)

**Zutaten:**
1/2 Apfel, (z. B. Cox Orange)
3 EL Haferflocken, Cornflakes usw.
1 EL gehackte Nüsse, (z. B. Walnüsse oder Sonnenblumenkerne)
1 TL Honig
50 ml Milch oder Jogurt oder Kefir
nach Wunsch Beeren der Saison, (z. B. Erdbeeren)

**Zubereitung:**
Den ungeschälten Apfel raspeln oder in dünne Scheiben schneiden, mit den Haferflocken und den Nüssen mischen. Den Honig dazugeben und mit der Milch aufgießen.
Nach Wunsch noch frische Beeren oder andere Früchte zufügen.

## Apfel-Trauben-Müsli
(für 1 Person, ohne Abbildung)

**Zutaten:**
1 kleiner Apfel
100 g weiße Weintrauben
einige rote frische oder TK-Johannisbeeren
30 g kernige Haferflocken
100 g Jogurt natur

**Zubereitung:**
Den Apfel waschen, vierteln und in Spalten schneiden. Die Trauben waschen, halbieren und dabei entkernen. Die Johannisbeeren waschen und abtropfen lassen.
Das Obst in ein Schüsselchen geben und die Haferflocken untermischen.
Den Jogurt cremig rühren und darüber gießen.

ALLES Gute!

## Feine Apfelkonfitüre

**Zutaten:**
1 kg feinsäuerliche Äpfel
2 EL Essig
1/2 l Wasser
abgeriebene Schale und Saft einer unbehandelten Zitrone
1 kg Zucker
1/2 Flasche flüssiges Geliermittel

**Zubereitung:**
Die Äpfel schälen, vierteln und entkernen.
Die Apfelstücke in Essigwasser legen.
Die Schalen und die Kerngehäuse 20 Minuten weich kochen, dann durch ein Sieb passieren.
Genau 1/4 l davon abmessen, mit dem Zitronensaft, der Zitronenschale und dem Zucker in einen Topf geben und mischen.
Aufkochen, die gewürfelten Apfelstücke dazugeben und so lange kochen, bis die Apfelstücke weich sind.
Das Geliermittel, nach Anleitung auf der Packung, einrühren und sprudelnd aufkochen.
Heiß in Gläser füllen und verschließen.

## Apfelmarmelade mit Kürbis

**Zutaten:**
500 g Äpfel in Stücken
500 g Kürbisfleisch
Saft und Schale einer Zitrone
1 kg Gelierzucker

**Zubereitung:**
Die Äpfel schälen, entkernen, in kleine Stücke schneiden und mit wenig Wasser musig kochen. Den Kürbis schälen, halbieren und das weiche Fruchtfleisch mit den Kernen entfernen. Das feste Fruchtfleisch in Stücke schneiden, zerkleinern und abwiegen.
Alle Zutaten in einen Topf geben, mit Gelierzucker, Zitronensaft und -schale vermischen. Unter Rühren zum Kochen bringen und sprudelnd 4 Minuten kochen lassen, dann in Gläser füllen und verschließen.

## Apfel-Carpaccio

**Zutaten:**

*Für die Salatsauce:*
2 EL Zitronensaft
4 EL Olivenöl
2 EL Apfelsaft
Salz
1 Prise Zucker
*Außerdem:*
1 Avocado
4 säuerliche Äpfel
*Zum Garnieren:*
1 Kästchen Kresse
30 g gehackte Walnusskerne

**Zubereitung:**

Für die Salatsauce alle angegebenen Zutaten miteinander verrühren, mit Salz und Zucker abschmecken.
Die Avocado halbieren, den Stein entfernen, schälen, würfeln und zur Sauce geben.
Die Äpfel waschen, vierteln, entkernen und in dünne Spalten schneiden.
Auf 4 Tellern verteilen, mit der Salatsauce beträufeln und mit der Kresse bestreuen.
Die Walnüsse hacken und vor dem Servieren darüber geben.

## Apfel-Curry-Suppe

**Zutaten:**

4 Äpfel, (z. B. Jonagold, Elstar, Boskoop)
1 kleine Zwiebel
1 Knoblauchzehe
2 EL Butter
2-3 EL Currypulver
3/4 l Hühnerbrühe
Salz
weißer Pfeffer
1 Prise Nelkenpulver
Zitronensaft
*Zum Garnieren:*
1 EL Schnittlauchröllchen

**Zubereitung:**

Die Äpfel schälen, vierteln, vom Kerngehäuse befreien und in Stücke schneiden.
Die Zwiebel und die Knoblauchzehe schälen, die Zwiebel klein würfeln und die Knoblauchzehe durch die Presse drücken.
Die Butter in einer Pfanne erhitzen und die Apfelstücke mit der Zwiebel und der durchgepressten Knoblauchzehe darin anschwitzen.
Mit Curry überstäuben und mit der Hühnerbrühe aufgießen.
Unter Rühren zugedeckt bei kleiner Hitze ca. 15 Minuten köcheln lassen, bis die Äpfel zerfallen sind.
Die Suppe mit einem Schneidestab oder im Mixer pürieren.
Mit Salz, frisch gemahlenem Pfeffer, Nelken und Zitronensaft abschmecken.
Vor dem Servieren mit den Schnittlauchröllchen bestreuen.

## Apfel-Heringssalat

**Zutaten:**

750 g Pellkartoffeln
4 Matjesfilets
2 säuerliche Äpfel
3-4 Essiggurken
5 EL Majonäse
400 g saure Sahne
3 Zwiebeln
1 Bund gehackter Dill
schwarzer Pfeffer
1 Prise Zucker
Apfelessig
Olivenöl

*Zum Garnieren:*

Zwiebelringe
Kapern
Gurkenfächer
Dillsträußchen

**Zubereitung:**

Die Pellkartoffeln schälen und in halbe Scheiben schneiden.
Die Matjesfilets in dünne Streifen schneiden.
Die Äpfel waschen, vierteln, entkernen und in dünne Spalten schneiden. Die Gewürzgurken in dünne Scheiben schneiden.
Die Zwiebeln schälen und ebenfalls in dünne Scheiben schneiden.
Die Kartoffeln mit den Matjes, Zwiebeln und dem Dill mischen.
Die Majonäse und die saure Sahne zugeben und mit frisch gemahlenem Pfeffer, Zucker und Essig würzen. Das Öl erst zum Schluss unterheben.

**Tipp:**

Würziger schmeckt der Salat, wenn Sie anstelle von Essig zurückgehaltenes Gurkenwasser verwenden.

## Krabbensalat auf Lollo bianco

**Zutaten:**

2 rote Zwiebeln
400 g gegarte Krabben
200 g grüne Oliven
4 Gewürzgurken
2 große säuerliche Äpfel
2 EL Kapern
1 EL grüne Pfefferkörner
*Für die Salatsauce:*
4 EL Apfelessig
6 EL Olivenöl
Salz
schwarzer Pfeffer
2 TL Honig
Schnittlauch
Petersilie
1 Blattsalat nach Belieben (z. B. Lollo bianco)
*Zum Garnieren:*
Petersiliensträußchen

**Zubereitung:**

Die Zwiebeln schälen und in Ringe schneiden.
Die ausgepulten Krabben mit den Oliven mischen.
Die Gewürzgurken in kleine Würfel schneiden.
Die Äpfel schälen, vierteln, entkernen und in Würfel schneiden.
Alle Zutaten mit den Kapern und dem grünen Pfeffer mischen und kalt stellen.
Aus Apfelessig, Olivenöl, Salz, frisch gemahlenem Pfeffer und Honig eine Salatsauce rühren.
Die Kräuter waschen, trockentupfen und fein schneiden, dann zur Salatsauce geben.
Den Salat putzen, waschen, trockentupfen und in Blätter zerteilen.
In eine Schüssel geben und mit der Salatsauce übergießen.
Den Salat auf Portionstellern anrichten, den Krabbensalat darauf geben und mit der Petersilie dekorieren.

## Kartoffelsalat mit Äpfeln

**Zutaten:**
750 g Pellkartoffeln
1 Glas rote Bete
2 säuerliche Äpfel
2 fein geschnittene Zwiebeln
4 saure Heringe (Rollmöpse)
Salz
schwarzer Pfeffer
1 Prise Zucker
wenig Apfelessig
Olivenöl
*Zum Garnieren:*
Zwiebelringe
Petersilie

**Zubereitung:**
Die Pellkartoffeln schälen und in Würfel schneiden.
Die rote Bete auf einem Sieb abtropfen lassen und in Scheiben schneiden.
Die Äpfel schälen, vierteln, entkernen und in Scheiben schneiden.
Die Rollmöpse in Würfel schneiden, mit den Zwiebeln und den Äpfeln mischen.
Mit Salz, frisch gemahlenem Pfeffer, Zucker und dem Essig abschmecken.
Zugedeckt 30 Minuten im Kühlschrank ziehen lassen.
Dann die Kartoffelwürfel unterheben und eventuell nochmals nachwürzen.
Zum Schluss das Öl dazugeben und vorsichtig unterheben.
Den Salat mit den Zwiebelringen belegen und mit der Petersilie garnieren.

# Salate

## Herbstsalat mit Äpfeln und Birnen

**Zutaten:**
1 kleine Sellerieknolle
1 TL Zitronensaft
3 Äpfel, (z. B. Goldparmäne)
2 Birnen
100 g Allgäuer Emmentaler
1 Scheibe Vollkorntoast
1 EL Butter
10 Walnusshälften
*Für das Salatdressing:*
1 EL Apfelessig
3 EL Walnussöl
Salz
schwarzer Pfeffer
1 Prise Zucker

**Zubereitung:**
Den Sellerie schälen und in streichholzlange Streifen schneiden.
Mit Zitronensaft beträufeln und ca. 30 Minuten stehen lassen.
Die Äpfel und die Birnen waschen, vierteln und das Kerngehäuse entfernen.
Einen viertel Apfel sehr fein raffeln, den Rest in Scheiben schneiden.
Den Emmentaler in Würfel schneiden. Den Vollkorntoast würfeln und in heißer Butter knusprig braun braten.
Die Hälfte der Walnüsse hacken.
Aus Apfelessig, Walnüssen, Walnussöl, Salz, frisch gemahlenem Pfeffer, Zucker und dem fein geriebenen Apfel das Salatdressing rühren.
Alle Salatzutaten vorsichtig mischen, mit den verbliebenen Walnusshälften dekorieren.

## Waldorfsalat

**Zutaten:**
250 g Sellerieknolle
4 säuerliche Äpfel
4 EL Zitronensaft
1 EL Sonnenblumenkerne
2 EL gehackte Walnüsse
1 EL Honig
300 g saure Sahne
Salz
schwarzer Pfeffer
1 Prise Zucker
_Zum Garnieren:_
Apfelspalten
halbe Walnusskerne

**Zubereitung:**
Den Sellerie schälen und am besten mit der Küchenmaschine roh in feine Streifen schneiden, dann in eine Schüssel geben.
Die Äpfel schälen, vierteln, entkernen und ebenfalls streifig schneiden.
Die Äpfel zum Sellerie geben und mit Zitronensaft beträufeln.
Die Sonnenblumenkerne, die Walnüsse, den Honig und die saure Sahne unterrühren.
Mit Salz, frisch gemahlenem Pfeffer und etwas Zucker abschmecken.
Zugedeckt mindestens 2 Stunden im Kühlschrank durchziehen lassen.
Mit dünnen Apfelspalten und halben Walnüssen garnieren.

# Salate

## Apfel-Endiviensalat

**Zutaten:**
1 Endiviensalat
3 säuerliche Äpfel
1 Orange
*Für die Marinade:*
3 EL Apfelsaft
Saft von einer Zitrone
1 Prise Salz
1 TL Zucker
6 EL Olivenöl

**Zubereitung:**
Den Endiviensalat waschen und in 1 cm breite Streifen schneiden.
Die Äpfel schälen, vierteln und entkernen, dann in Würfel schneiden.
Die Orange schälen und ebenfalls würfeln.
Den Salat in eine Schüssel geben.
Das Obst mit der Marinade vermischen und in die Mitte auf den Salat setzen.

## Apfel-Sellerie-Salat

**Zutaten:**
250 g Sellerieknolle
500 g Äpfel, (z. B. Boskoop)
*Für die Salatsauce:*
3 EL Apfelessig
1 TL Kräutersenf
Salz
1 Prise Zucker
6 EL Olivenöl

**Zubereitung:**
Den Sellerie in Salzwasser kochen, erkalten lassen, schälen und in Scheiben schneiden. Die Äpfel schälen, vierteln und entkernen, dann in dünne Scheiben schneiden. Die Zutaten für die Salatsauce verrühren, eventuell nochmals abschmecken. Die Apfel- und Selleriescheiben in eine Schüssel geben und mit der Salatsauce vermischen. Den Salat vor dem Servieren etwas durchziehen lassen und mit einem Sellerieblättchen garnieren.

## Sauerkrautsalat mit Apfel

**Zutaten:**
250 g Weinsauerkraut
1 Zwiebel
3 Möhren
2 Äpfel, (z. B. Jonagold)
*Für die Salatsauce:*
1/4 l saure Sahne
Saft von 1/2 Zitrone
schwarzer Pfeffer
1 TL Zucker
1 Prise Salz
4 EL Olivenöl

**Zubereitung:**
Das Sauerkraut zerpflücken.
Die Zwiebel schälen und in Würfel schneiden. Die Möhren schälen und reiben. Die Äpfel schälen und in kleine Würfel schneiden, dann alle Zutaten unter das Sauerkraut mischen.
Die saure Sahne mit Zitronensaft, Pfeffer, Zucker, Salz und Öl verrühren, über den Salat gießen und vermischen.
Den Salat vor dem Servieren etwas durchziehen lassen, eventuell mit Möhrenscheiben garnieren.

## Apfelspalten zum Dippen

(für 8 Personen)

**Zutaten:**

*Zum Dippen:*

1,5 kg verschiedene Apfelsorten, (z. B. Boskoop, Elstar, Cox Orange und Jonagold)
Zitronensaft
600 g Käse, z. B. Allgäuer, Emmentaler, Camembert, Edelpilzkäse
300 g gekochter und roher Schinken
300 g geräucherte Putenbrust in Scheiben und Würfel

**Zubereitung:**

Die Äpfel waschen, vierteln, entkernen und in Spalten schneiden. Die Apfelspalten auf einer Platte anrichten, mit etwas Zitronensaft beträufeln, damit sie nicht braun anlaufen.
Den Käse, Schinken und die Putenbrust in mundgerechte Würfel, Scheiben oder Stücke schneiden und auf einem Brett anrichten.
Alle Zutaten abgedeckt bis zum Servieren kühl stellen.

**Tipp:**

Alle Dips in Schüsselchen füllen und mit den Apfelspalten und den in Stücke, Streifen oder Scheiben geschnittenen Zutaten auf einer großen Tafel anrichten, mit Baguette und Vollkornbroten servieren.

## Avocado-Dip

**Zutaten:**

2 reife Avocados
2 EL Zitronensaft
Salz
schwarzer Pfeffer
1 Prise Cayennepfeffer oder Chilipulver

**Zubereitung:**

Die beiden Avocados halbieren. Die Steine entfernen, das Fruchtfleisch mit einem Löffel aus der Schale heben und pürieren.
Mit dem Zitronensaft, Salz, frisch gemahlenem Pfeffer und Cayennepfeffer pikant abschmecken.

## Schinken-Dip

**Zutaten:**

250 g Quark
2 EL Crème fraîche
100 g gekochter Schinken in Würfeln
1 TL Tomatenmark
schwarzer Pfeffer
1 EL Basilikumstreifen

**Zubereitung:**

Den Quark mit der Crème fraîche verrühren. Die Schinkenwürfel in einer Pfanne knusprig braten und zum Quark geben.
Den Schinken-Dip mit dem Tomatenmark verrühren und mit frisch gemahlenem Pfeffer und den Basilikumstreifen abschmecken.

## Vinaigrette

**Zutaten:**

4 EL Apfelessig
2 hart gekochte, gewürfelte Eier
2 EL Kapern
2 EL TK gehackte, gemischte Kräuter
1 TL mittelscharfer Senf
Salz
schwarzer Pfeffer
1 Prise Zucker
8 EL Olivenöl

**Zubereitung:**

Alle Zutaten vermischen, mit Salz, frisch gemahlenem Pfeffer und dem Zucker abschmecken. Zum Schluss das Olivenöl darunter schlagen.

## Krabben-Dip

**Zutaten:**

250 g gegarte, geschälte Krabben
1 EL Zitronensaft
150 g Crème fraîche
Salz
schwarzer Pfeffer
1 Spritzer Tabascosauce
1 EL gehackter Dill

**Zubereitung:**

Die Krabben abspülen, trockentupfen und klein schneiden.
Mit dem Zitronensaft beträufeln, die Crème fraîche untermischen und mit Salz, frisch gemahlenem Pfeffer, Tabascosauce und gehacktem Dill verrühren.

## Saure Sahne-Dip mit Rucola

**Zutaten:**

1 Bund Rucola
250 g saure Sahne
Salz
schwarzer Pfeffer

**Zubereitung:**

Den Rucola waschen, etwas abtropfen lassen und klein schneiden.
Mit der sauren Sahne verrühren und mit Salz und frisch gemahlenem Pfeffer abschmecken.

## Apfel-Rosinen-Chutney

**Zutaten:**
1 kg Äpfel
150 g rote Zwiebeln
30 g frischer Ingwer
150 g Rosinen
1 EL Senfkörner
5 EL Essig-Essenz
1/4 l Wasser
600 g brauner Kandiszucker
1-2 TL Salz
1 Msp. Cayennepfeffer
*Zum Garnieren:*
Zitronenmelisse

**Zubereitung:**
Die Äpfel schälen, vierteln, entkernen und in dünne Scheiben schneiden.
Zwiebeln und Ingwer schälen und würfeln.
Alle Zutaten mit Rosinen, Senfkörnern, Essig-Essenz, Wasser, Kandiszucker, Salz und Cayennepfeffer in einen großen Topf füllen.
Unter Rühren ca. 40-50 Minuten dick einkochen lassen.
Heiß in Gläser füllen und verschließen, hält sich ungeöffnet ca. 3 Monate. Geöffnet im Kühlschrank lagern und bald verbrauchen.
Die Menge reicht für 4 Gläser à 450 g mit Twist-off-Deckeln.

**Tipp:**
Apfel-Chutney passt zu kalten Pasteten, Wild, Rillettes, gekochtem Rindfleisch, gegrilltem oder gebratenem Schweinefleisch, Geflügel, Fondue und sehr gut zu Ente oder Gans.

## Apfelsauerkraut

**Zutaten:**
50 g Schweineschmalz
1 Zwiebel
750 g Weinsauerkraut
6 Wacholderbeeren
1 Lorbeerblatt
6 Pfefferkörner
1 EL Kümmel
1 Bund Suppengrün
1/4 l Weißwein
2 mürbe Äpfel
1 TL Zucker
125 g weiße Weintrauben

**Zubereitung:**
Das Schmalz in einer Pfanne erhitzen und die geschälte, gewürfelte Zwiebel darin kurz andünsten.
Das Sauerkraut mit den Zwiebelwürfeln und den Gewürzen in einen Topf geben.
Das Suppengrün putzen, waschen, grob zerkleinern und ebenfalls zum Kraut geben, mit dem Weißwein aufgießen.
Die Äpfel schälen, vierteln, entkernen und in kleine Stücke schneiden.
Das Sauerkraut 60 Minuten leicht kochen lassen, 10 Minuten vor Ende der Garzeit die Apfelwürfel und die Weintrauben zugeben.
Das Sauerkraut mit dem Zucker abschmecken und, wenn nötig, die Gewürze herausfischen.

## Indisches Chutney

**Zutaten:**
3 Zwiebeln
3 Knoblauchzehen
500 g Kürbis
4 Äpfel
5 Aprikosen
3 kleine rote Chilis
10 cm frischer Ingwer
350 g brauner Zucker
Salz
1/2 TL gemahlene Nelken
1/2 TL gemahlener Kardamom
1 Zimtstange
2 Msp. Kreuzkümmel
1/4 l Apfelessig

**Zubereitung:**
Die Zwiebeln und den Knoblauch schälen und fein schneiden.
Den Kürbis schälen, zerteilen, die Kerne entfernen und das Fruchtfleisch in nicht zu große Stücke schneiden.
Die Äpfel schälen, vierteln, entkernen und in Würfel schneiden.
Die Aprikosen waschen, halbieren, den Stein entfernen und die Früchte würfeln.
Die Chilis der Länge nach aufschneiden, die Kerne und die Zwischenwände entfernen, dann in dünne Streifen schneiden.
Den Ingwer schälen und klein hacken.
Alle Zutaten in einen großen Topf geben und unter Rühren erhitzen.
Jetzt die restlichen Zutaten dazugeben und auf kleiner Flamme 90 Minuten einkochen lassen. Hin und wieder umrühren.
Heiß in Twist-off-Gläser füllen und verschließen, hält sich ungeöffnet ca. 3 Monate. Geöffnet im Kühlschrank lagern und zügig verbrauchen.

**Tipp:**
Indisches Chutney passt zu kalten Pasteten, Wild, gekochtem Rindfleisch, gegrilltem oder gebratenem Schweinefleisch, Geflügel, Fondue und hervorragend zu Ente oder Gans.

# Hauptgerichte

## Hähnchenfilet mit fruchtiger Sauce

**Zutaten:**
4 Hähnchenbrustfilets à 150 g
*Für die Marinade:*
100 g getrocknete Apfelringe
50 g Rosinen
1/8 l Weißwein
1/8 l Wasser
4 EL Apfelessig
1 Zwiebel
5 grob zerdrückte Pfefferkörner
*Zum Braten:*
20 g Butterschmalz
*Außerdem:*
Salz
schwarzer Pfeffer
3 EL Ahornsirup
1 TL Speisestärke

**Zubereitung:**
Die Hähnchenfilets von der Haut befreien, mit Apfelringen und Rosinen nebeneinander in eine flache Schale legen.
Für die Marinade den Weißwein mit Wasser, Apfelessig, gehackter Zwiebel und zerdrückten Pfefferkörnern verrühren.
Das Filet und Obst damit begießen und über Nacht zugedeckt im Kühlschrank marinieren.
Die Fleischstücke, Apfelringe und Rosinen aus der Marinade nehmen und gut trockentupfen.
Die Marinade durch ein Sieb gießen und auffangen.
Das Butterschmalz in einer Pfanne erhitzen, die Hähnchenfilets von beiden Seiten darin anbraten, herausnehmen und mit Salz und frisch gemahlenem Pfeffer abschmecken.
Die Apfelringe und Rosinen kurz anbraten und beiseite stellen.
Das Fleisch wieder in die Pfanne geben. Die Marinade mit dem Ahornsirup verrühren und zum Fleisch geben.
Die Hähnchenfilets zugedeckt ca. 10-12 Minuten garen. Dann die Apfelringe und Rosinen zugeben und weitere 5 Minuten garen. Die Fleischstücke mit den Apfelringen auf vorgewärmten Tellern anrichten.
Die Sauce mit der angerührten Speisestärke binden.
Nochmals mit Salz, frisch gemahlenem Pfeffer und etwas Ahornsirup abschmecken und über das Fleisch gießen.
Dazu schmeckt körniger Langkornreis mit gehackter Petersilie.

## Apfel-Minze-Chutney

**Zutaten:**
450 g würzige Äpfel
450 g Zwiebeln
250 g Tomaten
1 Bund frische Minze
300 g Sultaninen
2 TL Salz
2 TL Senf
1/2 l Essig
450 g Zucker

**Zubereitung:**
Die Äpfel schälen, vierteln, entkernen und grob zerkleinern. Die Zwiebeln schälen, grob würfeln und die Tomaten achteln.
Die Minzeblätter waschen und in Streifen schneiden.
Alles durch den Fleischwolf drehen oder mit einem Schneidestab zerkleinern.
In einen Topf geben, Salz, Senf und 3/8 l Essig hinzufügen. Im offenen Topf bei mäßiger Hitze 20 Minuten köcheln.
Den restlichen Essig und den Zucker hinzufügen, noch einmal aufkochen und abschmecken.
In heiß ausgespülte Gläser füllen, verschließen und kalt stellen.

## Apfelpizza

**Zutaten:**

*Für den Teig:*
150 g Mehl Type 405
10 g Hefe
1 Prise Zucker
ca. 1/8 l lauwarmes Wasser
Salz
1 EL Weinbrand

*Für den Belag:*
1 Päckchen Tomatenstückchen
2 EL Olivenöl
je 1/4 TL getrockneter Thymian und Oregano
1 Knoblauchzehe

*Für das Blech:*
1 EL Olivenöl

*Außerdem:*
250 g gekochter Schinken
2 Zwiebeln
4 mittelgroße herb-säuerliche Äpfel
2 Tomaten
Salz
weißer Pfeffer
1 Ei
100 g geriebener Emmentaler Käse

**Zubereitung:**

Das Mehl in eine Schüssel sieben. In die Mitte eine Mulde drücken, die Hefe hineinbröckeln, Zucker darauf streuen, das Wasser zugießen und mit etwas Mehl einen Vorteig rühren.
Zugedeckt 10 Minuten aufgehen lassen, dann Salz und Weinbrand hinzufügen, alles verkneten.
Zugedeckt noch einmal 30 Minuten gehen lassen.
Den Backofen auf 200° C vorheizen.
In der Zwischenzeit die Tomatenstückchen in dem Öl anbraten, die Kräuter und den durchgepressten Knoblauch hinzufügen, bei kräftiger Hitze sämig einkochen lassen.
Den Teig noch einmal durchkneten, kreisförmig ausrollen und auf ein gefettetes Backblech legen.
Die Tomatenmasse darauf streichen, den gekochten Schinken in Streifen, die geschälten, mit einem Apfelausstecher entkernten und in Ringe geschnittenen Äpfel sowie die in Scheiben geschnittenen Tomaten darauf verteilen.
Mit Salz und frisch gemahlenem Pfeffer abschmecken.
Das Ei mit dem Käse verquirlen und über die belegte Pizza gießen.
Im vorgeheizten Backofen ca. 40 Minuten backen.

## Pochiertes Fischfilet mit Apfelfruchtsauce

**Zutaten:**
150 g Möhren
2 mittelgroße Zwiebeln
2 Knoblauchzehen
1 EL Olivenöl
1/2 l Maracujasaft
3/4 l Gemüsebrühe
4 TL Essig-Essenz
Salz
2 TL Zucker
150 g TK-Erbsen
2 EL heller Saucenbinder
4 Fischfilets à 200 g (z. B. Lengfisch)

**Zubereitung:**
Die Möhren schälen und in feine Stifte schneiden.
Die Zwiebeln schälen und in Spalten schneiden.
Die Knoblauchzehen schälen und fein hacken.
Das Öl in einem Topf erhitzen, Zwiebeln und Knoblauch darin andünsten. Mit dem Maracujasaft ablöschen und ca. 10 Minuten kochen lassen.
Die Hälfte der Brühe und der Essig-Essenz zugeben, dann mit Salz und Zucker abschmecken.
Die Möhren und Erbsen zugeben und weitere 5 Minuten garen lassen.
Den Saucenbinder einstreuen und noch einmal eine Minute köcheln lassen, warm stellen.
Die restliche Brühe und die Essig-Essenz aufkochen, die Hitze reduzieren.
Die Fischfilets in die Brühe geben und bei ganz milder Hitze 10 Minuten pochieren, nicht mehr kochen lassen.
Die Fischfilets auf dem Gemüse mit der Fruchtsauce und einer Wildreismischung servieren.

# Hauptgerichte

## Gefüllte Zucchiniröllchen mit Tomatensugo

**Zutaten:**

2 gelbe und grüne Zucchini à 250 g
4 EL Olivenöl
Salz
schwarzer Pfeffer
*Für die Füllung:*
60 g Pinienkerne
1 Bund Basilikum
1 Bund glatte Petersilie
1 Schalotte
2 Knoblauchzehen
Salz
schwarzer Pfeffer
125 g Mozzarella
50 g geriebener Parmesankäse
200 g Doppelrahmfrischkäse
1 EL Paniermehl
*Für das Tomatensugo:*
500 g Tomaten
1 Schalotte
1/2 Bund Salbei
1 EL Olivenöl
Salz
schwarzer Pfeffer
1 Prise Zucker
4 EL Apfelessig
1/8 l Gemüsebrühe

**Zubereitung:**

Die Zucchini waschen und jede der Länge nach in 8 dünne Scheiben schneiden. Die Randscheiben für die Sauce beiseite legen.
Die Scheiben in einer beschichteten Pfanne nacheinander im heißen Öl anbraten.
Mit Salz und frisch gemahlenem Pfeffer würzen, abkühlen lassen.
Für die Füllung die Pinienkerne ohne Fett in einer Pfanne goldbraun rösten, abkühlen lassen und zwei Drittel davon grob zerkleinern.
Die Kräuter waschen, trockentupfen und sehr fein hacken.
Die Schalotte und die Knoblauchzehen schälen und fein würfeln, den Mozzarella grob zerkleinern.
Alle Zutaten für die Füllung zu einer glatten Masse verrühren.
Je eine grüne und gelbe Zucchinischeibe aufeinander legen, die Käsemasse darauf verteilen.
Die Zucchinischeiben aufrollen, mit Küchengarn umwickeln und festbinden.
Für das Sugo die Tomaten überbrühen, abziehen und würfeln.
Den Salbei waschen, trockentupfen und mit den Randscheiben der Zucchini fein hacken.
Die Schalotte schälen, fein würfeln im heißen Öl andünsten.
Die Tomaten, Zucchini, Salbei, Gewürze, Apfelessig und Gemüsebrühe zugeben und aufkochen, zugedeckt ca. 5 Minuten köcheln lassen.
Die Zucchiniröllchen auf den Schnittkanten in das Sugo stellen und weitere 5 Minuten garen.
Die Röllchen auf einer Platte mit dem Tomatensugo anrichten, mit den restlichen Pinienkernen und einigen Salbeiblättchen verzieren.

# Hauptgerichte

## Rotbarschfilets im Apfelbett

**Zutaten:**
750 g Rotbarschfilets
Saft von einer Zitrone
Salz
schwarzer Pfeffer
500 g säuerliche Äpfel
1 Bund Majoran
*Für die Form:*
1 TL Butter
*Außerdem:*
50 g Butter
100 ml Weißwein

**Zubereitung:**
Die Filets waschen, trockentupfen und mit Zitronensaft einreiben.
Mit Salz und frisch gemahlenem Pfeffer würzen.
Die Äpfel waschen, vierteln, entkernen und in dünne Scheiben schneiden.
Den Majoran waschen, trockentupfen und die Blättchen abstreifen.
Eine feuerfeste Form mit der Butter ausfetten.
Den Boden der Form mit der Hälfte der Apfelscheiben belegen, mit einem Teil der Majoranblätter bestreuen und die Fischfilets darauf verteilen.
Den Fisch mit den verbliebenen Majoranblättchen bestreuen und mit den restlichen Apfelscheiben abdecken.
Die Butter als Flöckchen darauf setzen, den Weißwein zugießen und die Form mit Alufolie verschließen.
Im vorgeheizten Backofen bei 225° C 30 Minuten dünsten.

## Nuss-Bratäpfel

**Zutaten:**
4 große säuerliche Äpfel (z. B. Boskoop)
*Für die Form:*
1 EL Butter
*Für die Füllung:*
150 g Rosinen
100 g Zucker
1 TL Zimt
100 g Butter
100 g Haferflocken
100 g gehackte Haselnüsse

**Zubereitung:**
Den Backofen auf 200° C vorheizen.
Die Äpfel waschen und mit einem Apfelausstecher vom Kerngehäuse befreien.
Eine feuerfeste Form ausfetten und die Äpfel hineingeben.
Die Rosinen, die Hälfte vom Zucker und den Zimt mischen, dann die Äpfel damit füllen.
Auf jeden Apfel vor dem Backen ein Stückchen Butter geben.
Die Äpfel im Backofen 30 Minuten backen.
Die restliche Butter in der Pfanne erhitzen, die Haferflocken und Haselnüsse kurz darin anrösten.
Den restlichen Zucker dazugeben und unter Rühren karamellisieren lassen, bis die Mischung goldbraun wird.
Die fertigen Bratäpfel mit der Mischung bestreuen und heiß servieren.

# Süßspeisen

## Apfel im Schlafrock
(für 14 Stück)

### Zutaten:
*Für den Teig:*
400 g Mehl Type 405
1 Backpulver
150 g Zucker
1 Vanillezucker
150 g Butter
1 Ei
75 cl Milch
*Für die Äpfel:*
1,5 kg nicht zu große Äpfel
400 g Sauerkirsch-Konfitüre
Mandeln oder Nelken

### Zubereitung:
Die Zutaten zu einem Teig verarbeiten, in ca. 2 mm Stärke ausrollen und in 14 Quadrate schneiden.
Die Äpfel schälen und mit einem Apfelausstecher das Kerngehäuse entfernen.
Die Konfitüre in die Äpfel füllen und sie in die Mitte der Teigquadrate setzen. Die vier Ecken über den Äpfeln zusammenlegen und mit Mandeln oder Nelken feststecken.
Den Backofen auf 220° C vorheizen und die Äpfel auf einem mit Backpapier ausgelegten Blech 25-30 Minuten backen.
Nach Wunsch mit Puderzucker bestreuen oder mit einer Vanillesauce servieren.

# Süßspeisen

## Gefüllte Äpfel mit Weinsauce

**Zutaten:**
4 Äpfel
1/4 l Wasser
60 g Zucker
1 EL Zitronensaft
4 Löffelbiskuits
Konfitüre nach Wunsch
Rum
*Für die Weinsauce:*
1/8 l Wein
2 EL Zitronensaft
1 Päckchen Vanillezucker
80 g Zucker
3 Eigelbe
3 Eiweiß
120 g Zucker
*Zum Bestreuen:*
50 g gehackte Mandeln
1 EL Butter

**Zubereitung:**
Die Äpfel schälen und mit einem Apfelausstecher das Kerngehäuse entfernen.
Aus Wasser und Zucker eine Zuckerlösung kochen, die Äpfel zugeben und nicht zu weich dünsten.
Dann herausnehmen und gut abtropfen lassen.
Die Löffelbiskuits auf einer Seite mit der Konfitüre bestreichen, die andere Seite in Rum tauchen und in die Äpfel stecken.
Den Wein mit den Zutaten für die Sauce verrühren und im Wasserbad schaumig schlagen.
Die Eiweiß mit dem Zucker zu festem Eischnee schlagen und löffelweise mit der heißen Creme vermischen.
Die Butter in einer Pfanne erhitzen und die gehackten Mandeln darin anrösten.
Die fertige Weinsauce über die Äpfel gießen und mit den gerösteten Mandeln bestreut servieren.

## Apfelschaum

**Zutaten:**
7 Äpfel (z. B. Cox Orange)
Saft und Schale von einer Zitrone
100 g Puderzucker
2 EL Calvados
60 ml Apfelsaft
4 Eiweiß
1 Päckchen Vanillezucker
*Zum Garnieren:*
Pistazienkerne

**Zubereitung:**
Die Äpfel kochen, dann die Schale entfernen und das Fruchtfleisch durch ein Sieb passieren.
Das Apfelpüree mit Zitronensaft, -schale, der Hälfte vom Puderzucker, Calvados und dem Apfelsaft mischen.
Das Eiweiß mit Vanillezucker und der anderen Hälfte vom Puderzucker zu sehr steifem Schnee schlagen.
Den Eischnee vorsichtig unter den Apfelbrei heben.
Den Apfelschaum auf Dessertteller verteilen und mit Pistazienkernen und frischen Früchten der Saison dekorieren.

## Apfelklößchen

**Zutaten:**

*Für den Teig:*
250 g Mehl Type 405
2 Eier
Milch nach Bedarf
1 Msp. Backpulver
1 TL Zitronensaft
Schale von einer abgeriebenen Zitrone
500 g Äpfel, (z. B. Boskoop)

*Zum Servieren:*
1 TL Zimt
2 EL Zucker
60 g Butter

**Zubereitung:**

Aus den angegebenen Zutaten einen festen Teig herstellen.
Die Äpfel schälen, vierteln, entkernen und in kleine Würfel schneiden, dann unter den Teig mischen.
Mit einem Esslöffel große Klößchen ausstechen, diese in kochendes Salzwasser einlegen und 15 Minuten ziehen lassen.
Den Zimt mit dem Zucker vermischen.
Die Butter auslassen, bis sie braun wird.
Die Klößchen aus dem Wasser nehmen, gut abtropfen lassen.
Vor dem Servieren mit dem Zimt-Zucker bestreuen und mit brauner Butter übergießen.

## Paradiestorte

### Zutaten:

*Für den Strudelteig:*
300 g Mehl Type 405
2 EL Öl
1 Ei
1 Prise Salz
1/8 l Wasser

*Für die Füllung:*
200 g frische Feigen
200 g getrocknete Datteln
3-4 rote, säuerliche Äpfel
50 g kandierte Kirschen
70 g Rosinen
Saft einer Zitrone
30 g Mandelstifte
1/2 TL Zimt
2 EL Rum

*Außerdem:*
30 g Butter

*Zum Bestreichen:*
1 Eigelb
2 EL Milch

*Zum Garnieren:*
2 Rosinen
1 rote Apfelschale

*Zum Bestreuen:*
1 EL Puderzucker

### Zubereitung:

Für den Teig das Mehl auf ein Backbrett sieben und eine Mulde drücken. Die Zutaten in die Mulde geben und alles zu einem glatten Teig verarbeiten. Den Teig 1 Stunde zugedeckt ruhen lassen.
Für die Füllung die Feigen waschen und vierteln, die Datteln halbieren und entkernen. Die Äpfel schälen, entkernen und in kleine Stücke schneiden, die kandierten Kirschen halbieren.
Alle Früchte mit Zitronensaft, Rosinen, Mandelstiften, Zimt und Rum vermischen.
Den Teig möglichst dünn ausrollen und auf ein mit Mehl bestreutes Küchentuch legen. Dann unter die Mitte des Teiges mit beiden Händen, die Handrücken nach oben, greifen und den Teig mit gespreizten Fingern von der Mitte aus nach allen Seiten ausziehen, bis er papierdünn ist.
Die Butter zerlassen, mit einem Teil davon den Teig einpinseln.
Die Früchtefüllung gleichmäßig auf dem Teig verteilen, es sollte ringsum ein Rand von 2 cm frei bleiben.
Das Geschirrtuch leicht anheben und den Teig von der Längsseite her zusammenrollen. Die Teigenden zusammendrücken und unter den Strudel schieben.
Den Boden einer Springform (24 cm Durchmesser) mit Backpapier auslegen und den Rand der Form mit Butter bestreichen.
Den Strudel als gerollte Schlange in die Springform einlegen, für den Schlangenkopf die Rosinen als Augen, die Zunge aus einer roten Apfelschale schneiden und einsetzen.
Das Eigelb mit der Milch verrühren und die Torte damit bestreichen.
Bei 200° C im vorgeheizten Backofen ca. 35-40 Minuten backen.
Die Paradiestorte mit Puderzucker bestreuen und warm oder ausgekühlt servieren.

## Herbstlicher Apfelstrudel

**Zutaten:**

*Für den Strudelteig:*
300 g Mehl Type 405
2 EL Öl
1 Ei
1 Prise Salz
1/8 l Wasser

*Für die Füllung:*
500 g säuerliche Äpfel, (z. B. Boskoop)
500 g Birnen
Saft von 1/2 Zitrone
250 g entsteinte Trockenpflaumen
250 g blaue Weintrauben
100 g gemahlene Walnüsse
150 g Zucker
1 EL Zimt
Schale einer abgeriebenen Zitrone
50 g Butter

*Außerdem:*
50 g Paniermehl
1 Eigelb
2 EL Milch

*Zum Bestreuen:*
1 EL Puderzucker

**Zubereitung:**

Für den Teig das Mehl auf ein Backbrett sieben und eine Mulde drücken. Die restlichen Zutaten in die Mulde geben und alles zu einem glatten Teig verarbeiten. Den Teig 1 Stunde zugedeckt ruhen lassen.

In der Zwischenzeit für die Füllung die Äpfel und Birnen schälen, vierteln, entkernen, in dünne Scheiben schneiden und mit dem Zitronensaft beträufeln. Die Trockenpflaumen klein schneiden. Die Weintrauben von den Stielen zupfen, waschen, eventuell halbieren. Alle Früchte mit den Walnüssen, Zucker, Zimt und der Zitronenschale vermischen.

Den Teig möglichst dünn ausrollen und auf ein mit Mehl bestreutes Küchentuch legen. Dann unter die Mitte des Teiges mit beiden Händen, die Handrücken nach oben, greifen und den Teig mit gespreizten Fingern von der Mitte aus nach allen Seiten ausziehen, bis er papierdünn ist.

Die Butter zerlassen, mit einem Teil davon den Teig einpinseln und das Paniermehl darauf streuen. Die Früchtefüllung gleichmäßig auf dem Teig verteilen, es sollte ringsum ein Rand von 2 cm frei bleiben.

Das Geschirrtuch leicht anheben und den Teig von der Längsseite her zusammenrollen. Die Teigenden zusammendrücken und unter den Strudel schieben. Mit dem Rest der Butter ein Backblech oder eine Aluform einpinseln und den Strudel mit der Naht nach unten einlegen.

Das Eigelb mit der Milch verrühren und den Strudel damit bestreichen. Bei 200° C im vorgeheizten Backofen ca. 40 Minuten backen. Nach dem Backen den Strudel aus der Form nehmen und leicht mit Puderzucker bestreuen.

## Apfeltorte mit Baiserhaube

**Zutaten:**

*Für den Teig:*
120 g gekochte Kartoffeln
1 Eigelb
70 g Zucker
70 g gemahlene Mandeln
1 Msp. Backpulver
*Für die Form:*
1 TL Butter
*Für den Belag:*
500 g Äpfel
1/4 l Wasser
60 g Zucker
2 EL Rum
1 EL Zitronensaft
30 g Rosinen
*Für die Baiserhaube:*
2 Eiweiß
50 g Zucker

**Zubereitung:**

Die Kartoffeln vom Vortag durch eine Presse drücken und aus den angegebenen Zutaten einen Teig herstellen.
Diesen Teig in eine mit Butter ausgefettete Springform (24 cm Durchmesser) füllen.
Im vorgeheizten Backofen bei 190° C goldgelb backen.
Für den Belag die Äpfel schälen, vierteln, entkernen und in dünne Scheiben schneiden.
Das Wasser mit dem Zucker in einen Topf geben und erhitzen. Die Apfelscheiben mit Zitronensaft und Rum dazugeben, leicht dünsten. Erkalten lassen und zum Schluss die Rosinen einrühren, die Masse muss dicklich sein.
Die Apfelmasse auf den gebackenen Tortenboden streichen.
Für die Baiserhaube das Eiweiß mit dem Zucker zu festem Eischnee schlagen und über die Apfelmasse verteilen.
Im Backofen weiterbacken, bis der Schnee zu einer festen gelben Baisermasse geworden ist.

## Gefüllte Apfeltaschen

**Zutaten:**

*Für den Nudelteig:*
250 g Mehl Type 405
1 TL Salz
1 Ei
6-8 EL Wasser

*Für die Füllung:*
5 große Äpfel, (z. B. Boskoop)
2 EL Butter
100 g Rosinen
1 TL Zimt
1 Prise Ingwerpulver
Saft von einer Zitrone
1/8 l naturreiner Apfelsaft
2 cl Calvados (Apfelschnaps)
3 EL Honig
100 g geriebene Walnüsse
50 g Zucker
2 EL Butter
100 g Paniermehl

*Zum Servieren:*
Butter
Zucker

**Zubereitung:**

Aus den angegebenen Zutaten einen Nudelteig herstellen und 30 Minuten ruhen lassen.
In der Zwischenzeit die Äpfel schälen, vierteln, entkernen und in kleine Würfel schneiden.
Die Butter in einer Pfanne erhitzen, die Äpfel mit Rosinen, Zimt, Ingwerpulver und Zitronensaft andünsten.
Mit dem Apfelsaft aufgießen und die Apfelmasse fertig dünsten, die Äpfel sollten nicht zu weich sein.
Die Füllung mit Calvados abschmecken. Unter Rühren Honig, Walnüsse und den Zucker zugeben.
Das Paniermehl in der Butter anrösten und die Hälfte zur Apfelfüllung geben, alles gut vermischen. Die Füllung zum Abkühlen in den Kühlschrank stellen.
Den Nudelteig ausrollen und Kreise von ca. 15 cm Durchmesser ausstechen. Auf die Hälfte der Kreise mit einem Esslöffel die Apfelfüllung setzen.
Die andere Teighälfte darüber schlagen und die Ränder mit Daumen und Zeigefinger gut zusammendrücken, sodass ein welliger Rand entsteht, siehe Foto.
Das Wasser zum Kochen bringen, die Apfeltaschen einlegen und 10 Minuten ziehen lassen.
Die Apfeltaschen auf eine Platte legen und warm stellen.
Die Butter in einem kleinen Topf zerlaufen lassen und die fertigen Apfeltaschen damit übergießen. Mit Zucker und dem restlichen, gerösteten Paniermehl bestreuen und warm servieren.

## Gefüllte Apfeltaschen

**Zutaten:**

*Für den Nudelteig:*
250 g Mehl Type 405
1 TL Salz
1 Ei
6-8 EL Wasser

*Für die Füllung:*
5 große Äpfel, (z. B. Boskoop)
2 EL Butter
100 g Rosinen
1 TL Zimt
1 Prise Ingwerpulver
Saft von einer Zitrone
1/8 l naturreiner Apfelsaft
2 cl Calvados (Apfelschnaps)
3 EL Honig
100 g geriebene Walnüsse
50 g Zucker
2 EL Butter
100 g Paniermehl

*Zum Servieren:*
Butter
Zucker

**Zubereitung:**

Aus den angegebenen Zutaten einen Nudelteig herstellen und 30 Minuten ruhen lassen.
In der Zwischenzeit die Äpfel schälen, vierteln, entkernen und in kleine Würfel schneiden.
Die Butter in einer Pfanne erhitzen, die Äpfel mit Rosinen, Zimt, Ingwerpulver und Zitronensaft andünsten.
Mit dem Apfelsaft aufgießen und die Apfelmasse fertig dünsten, die Äpfel sollten nicht zu weich sein.
Die Füllung mit Calvados abschmecken. Unter Rühren Honig, Walnüsse und den Zucker zugeben.
Das Paniermehl in der Butter anrösten und die Hälfte zur Apfelfüllung geben, alles gut vermischen. Die Füllung zum Abkühlen in den Kühlschrank stellen.
Den Nudelteig ausrollen und Kreise von ca. 15 cm Durchmesser ausstechen. Auf die Hälfte der Kreise mit einem Esslöffel die Apfelfüllung setzen.
Die andere Teighälfte darüber schlagen und die Ränder mit Daumen und Zeigefinger gut zusammendrücken, sodass ein welliger Rand entsteht, siehe Foto.
Das Wasser zum Kochen bringen, die Apfeltaschen einlegen und 10 Minuten ziehen lassen.
Die Apfeltaschen auf eine Platte legen und warm stellen.
Die Butter in einem kleinen Topf zerlaufen lassen und die fertigen Apfeltaschen damit übergießen. Mit Zucker und dem restlichen, gerösteten Paniermehl bestreuen und warm servieren.

## Apfeltarte

**Zutaten:**

*Für den Teig:*
120 g Butter
120 g Zucker
1 Päckchen Vanillezucker
2 Eier
100 g Mehl Type 405
1 1/2 TL Backpulver
70 g Speisestärke
etwas Milch

*Für die Form:*
1 TL Butter
etwas Mehl

*Für den Belag:*
400 g säuerliche Äpfel

*Zum Bestreuen:*
2 EL Puderzucker

**Zubereitung:**

Aus den angegebenen Zutaten einen Teig rühren.
Den Teig in eine gefettete und mit Mehl bestäubte Springform (22 cm Durchmesser) einfüllen.
Die Äpfel schälen, vierteln, entkernen und in dünne Scheiben schneiden.
Die Apfelscheiben fächerartig im Kreis in den Teig einlegen.
Im vorgeheizten Backofen bei 190° C 50 Minuten backen.
Noch lauwarm mit Puderzucker bestreuen und sofort servieren.

## Quark-Apfeltorte

**Zutaten:**

*Für den Teig:*
250 g Mehl Type 405
150 g Zucker
1 Eigelb
125 g Butter
*Für die Form:*
1 TL Butter
*Für den Belag:*
250 g Quark
1 Päckchen Vanillepuddingpulver
Schale von einer abgeriebenen Zitrone
4 Eier
500 g Äpfel
1/4 l süße Sahne
2 EL Zimt-Zucker
1 Tortenguss

**Zubereitung:**

Das Mehl auf die Arbeitsfläche sieben, in die Mitte eine Vertiefung drücken, zwei Drittel vom Zucker und das Eigelb zugeben. Die Butter als Flöckchen auf dem Mehlrand verteilen. Mit möglichst kühlen Händen alles rasch verkneten, zu einer Kugel formen und in Alufolie eingewickelt 1-2 Stunden in den Kühlschrank legen.
Den Teig ausrollen, Boden und Rand einer gebutterten Springform (24 cm Durchmesser) damit auslegen. Den Boden mehrmals mit einer Gabel einstechen.
Für den Belag den Quark mit dem restlichen Zucker, dem Puddingpulver, der Zitronenschale und den Eiern verrühren. Die Sahne steif schlagen und unterheben.
Die Äpfel schälen, vierteln, entkernen und in dünne Spalten schneiden. Die Quarkmasse in die Form füllen, die Äpfel auf die Quarkmasse legen und mit Zimt-Zucker bestreuen.
Im vorgeheizten Backofen bei 190° C 70 Minuten backen. Nach dem Abkühlen den Tortenguss nach Anleitung auf der Packung zubereiten.
Die Apfeltorte damit bestreichen und im Kühlschrank fest werden lassen.

## Gugelhupf mit Äpfeln

### Zutaten:

*Für den Teig:*
2 große Äpfel
250 g Butter
250 g Puderzucker
4 Eier
250 g Mehl Type 405
100 g geriebene Schokolade
120 g gemahlene Haselnüsse
*Für die Form:*
1 TL Butter
*Zum Bestreuen:*
1 EL Puderzucker

### Zubereitung:

Die Äpfel schälen, vierteln, entkernen und reiben. Aus Butter, Puderzucker und Eigelb einen schaumigen Teig rühren. Das Mehl, die Schokolade, die Äpfel und die Haselnüsse unter Rühren zufügen. Das Eiweiß zu steifem Schnee schlagen, dann unter die Masse heben.
Die Kuchenform mit der Butter einfetten und den Teig einfüllen.
Im vorgeheizten Backofen bei 180° C 60 Minuten backen und auskühlen lassen.
Vor dem Servieren mit Puderzucker bestreuen.

## Apfelbeignets

**Zutaten:**

_Für den Teig:_
1/4 l Bier
250 g Mehl Type 405
3 Eier
1 Prise Salz
_Außerdem:_
1 kg säuerliche Äpfel (z. B. Boskoop)
2 EL Zucker
4 cl Rum
1 TL Zimt
_Zum Ausbacken:_
Pflanzenfett oder Öl
_Zum Bestreuen:_
Puderzucker

**Zubereitung:**

Aus Bier, Mehl, Eiern und Salz einen glatten Teig rühren und 30 Minuten quellen lassen.
Falls der Teig nicht fest genug ist, noch etwas Mehl zugeben.
Die Äpfel schälen, Kerngehäuse ausstechen und sie in 1 cm dicke Scheiben schneiden.
Den Zucker mit dem Rum verrühren und über die Apfelscheiben geben.
Die Apfelscheiben dann mit etwas Zimt bestreuen.
Das Fett zum Ausbacken in einem Topf erhitzen.
Die Apfelbeignets in den Teig tauchen und im Fett schwimmend ausbacken.
Auf Küchenpapier abtropfen lassen und noch heiß mit Puderzucker bestreuen.
Heiß oder kalt eventuell mit einer Vanillesauce servieren.
Ergibt ca. 30 Stück.

**Tipp:**

Die Apfelbeignets können Sie auch in der Pfanne goldbraun braten.

# Register

# Register

# Impressum

Wir danken für die freundliche Unterstützung:

CMA, Bonn;
Deutsche Obstwerbung - Adam, Bonn;
Gabriele Fiedler PR - SURIG Essig-Essenz, Hamburg;
Molkerei Alois Müller GmbH & Co., Aretsried;
The Food Professionals, Köhnen GmbH, Sprockhövel



Genehmigte Lizenzausgabe
EDITION XXL GmbH
Reichelsheim, 2000

TEXT:
Helga Lederer

FOTOGRAFIE:
Michael Pöll
Gerhard Poggenpohl

SATZ UND GESTALTUNG:
Repro.art GmbH

ISBN 3-89736-202-3